일제침탈사 32
바로알기

식민지, 감옥에 갇히다

· 박경목 지음 ·

동북아역사재단
NORTHEAST ASIAN HISTORY FOUNDATION

발간사

  일본이 한국을 침탈한 지 100년이 지나고 한국이 일본의 지배로부터 벗어난 지 70년이 넘었건만, 식민 지배에 대한 청산은 이루어지지 못하고 있습니다. 일본의 독도영유권 주장은 도를 넘어섰습니다. 일본은 일본군'위안부', 강제동원 등 인적 수탈의 강제성도 인정하지 않고 있습니다. 일본군'위안부'와 강제동원의 피해를 해결하는 방안을 놓고 한일 갈등은 최고조에 이르고 있습니다. 역사문제를 벗어나 무역분쟁, 안보위기 등 현실문제가 위기 국면을 맞고 있습니다.

  한일 갈등은 식민 지배의 역사를 어떻게 볼 것인가 하는 역사 인식에서 기인합니다. 역사는 현재와 과거의 대화이며 이를 기반으로 미래로 나아갈 수 있습니다. 과거 침략의 역사를 미화하면서 평화로운 미래를 말하는 것은 불가능합니다. 식민 지배와 전쟁 발발의 책임을 인정하지 않고 반성하지 않으면 다시 군국주의가 부활할 수 있고 전쟁이 일어날 위험성도 배제할 수 없습니다. 미래지향적 한일관계를 형성하고 나아가 동아시아의 평화와 번영의 기틀을 조성하기 위해 일본은 식민 지배의 책임을 인정하고 그 청산을 위해 노력해야 할 것입니다.

  식민 지배의 역사를 청산하기 위해서는 식민 지배는 어떻게 이루어졌는지 그 실상을 명확하게 규명하는 일이 긴요합니다. 그동안 일본제국주의에 맞서 조국의 독립을 위해 헌신한 독립운동가들의 활동을 찾아내고 역사적으로 평가하는 일에는 상당한 성과를 거두었습니다.

반면 일제 식민침탈의 구체적인 실상을 규명하는 일에는 충분한 노력을 기울이지 못했습니다. 제국주의가 식민지를 침탈했다는 것은 너무나 당연한 사실로 여겨졌기 때문에, 굳이 식민 지배에서 비롯된 수탈과 억압, 인권유린을 낱낱이 확인할 필요가 없었는지도 모릅니다. 그러는 사이 일본은 식민 지배가 오히려 한국에 은혜를 베푼 것이라고 미화하고, 참혹한 인권유린을 부인하는 역사부정의 인식을 보이는 데까지 이르고 있습니다. 일제의 통치와 침탈, 그리고 그 피해를 종합적으로 조사하고 편찬할 필요성이 여기에 있습니다.

 일제침탈사를 체계적으로 정리하는 일은 개인이 감당하기 어렵습니다. 이에 우리 재단은 한국 학계의 힘을 모아 일제침탈사 편찬위원회를 꾸렸습니다. 편찬위원회가 중심이 되어 일제의 식민지 침탈사를 정치·경제·사회·문화 모든 방면에 걸쳐 체계적으로 집대성하기로 했습니다. 일제 식민침탈의 실체를 파악하기 위해 2020년부터 세 가지 방면으로 사업을 추진하고 있습니다. 하나는 〈일제침탈사 자료총서〉를 편찬하여 구체적이고 생생한 자료를 통해 일제침탈의 실상을 제공하는 일입니다. 다른 하나는 이들 자료를 바탕으로 연구한 결과물을 〈일제침탈사 연구총서〉로 간행하는 일입니다. 그리고 연구 결과를 대중이 이해하기 쉽게 정리하여 〈일제침탈사 교양총서〉를 '바로알기' 시리즈로 간행합니다. '바로알기' 시리즈는 우리 중학교, 고등학교 학생들도 어렵지 않게 읽을 수 있도록 제작했습니다. 오랫동안 학계에서 공부해 온 전문가 선생님들이 일제 침탈과 관련된 다양한 주제를 집필해 주셨습니다. 이해하기 쉽도록 해당 주제를 사안별로 나눠 집필해서 가독성을 높였고, 사진과 도표로 충분히 곁들였습니다. '바로알기' 시리즈를 통해 많은 시민과 학생들이 제국주의 일본의 한반도 침탈과 그로 인한 피해 실상을 바로 알 수 있게 되기를 바랍니다.

2024년
동북아역사재단 이사장

서문

　일본제국주의가 조선을 세계 자본주의 시장에 강제로 편입한 후 이 땅을 독점하고자 식민 지배의 야욕을 드러내었다. 1894년부터 일어난 의병은 일제의 부당한 침략에 분연히 맞서 싸웠으며, 1904~1905년부터 전개된 계몽운동은 암울했던 시기를 오히려 국민 대각성의 시기로 전환하면서 독립운동과 독립군 양성의 기반이 되었다.

　국권 피탈을 막을 수는 없었지만, 강점 이후에도 한국민은 오히려 항일결사 조직과 해외 독립군 기지 개척, 만세운동, 의열투쟁, 독립군, 한국광복군 등으로 일제의 식민 지배를 거부하며 기약 없는 독립운동 전선에 나섰다. 때로는 온 재산을 털어서, 때로는 목숨을 담보로, 때로는 온 집안을 이끌고 자신의 안위와 가정의 존립을 걱정할 틈도 없이 독립운동가는 항일의 길을 걸어왔다.

　일제 강점 기간 내내 독립운동은 신분과 나이, 남자와 여자, 부자와 가난한 자를 구분하지 않고 한국민 전반에 걸쳐 광범위한 계층에서 일어났다. 독립운동 과정 자체가 근대사회를 지향하였던 근대적 민족운동이었다. 그 과정에서 1919년 4월 11일 민주공화국 대한민국을 건국하여 황제의 나라에서 국민의 나라로 거듭났다. 그리고 1945년 8월 15일 광복으로 결실을 맺었다.

　식민 지배를 통해 자국의 이익을 극대화하려는 일제와 이를 거부하고 국권을 되찾으려는 독립운동은 늘 대척점에 있었다. 일제는 독립운동가에게 지배와 피지배의 권력관계 속에 편입할 것을 강요했고, 그것을 일선 실무에서 담당하였던 식민지 기관 중 하나가 감옥이다.

강제병합 이전 1908년부터 세워진 식민지 감옥은 한국인을 감시하고 통제하는 유용한 장치로 운용되었다. 일반 범죄자뿐만 아니라 이른바 '사상범'이라 불리는 항일 독립운동가를 수감하여 사회에서 격리시킴으로써 일제가 지향하는 식민 지배 질서를 안정시키고 영구화하고자 했다. 식민지의 감옥은 독립운동가들이 수감되는 시점부터 엄격한 통제와 감시 속에 열악한 환경과 처우로 일관하였다. 일제가 규정해 놓은 최하한 선인 감옥 규칙마저 지켜지지 않아 추위와 더위는 물론이고 굶주림, 질병, 고된 노역으로 늘 생사를 기약할 수 없는 극단의 삶에 내몰렸다.

그럼에도 현재의 일본 정부는 일제강점기 자행된 침략 사실을 부정하기에만 급급하다. 역사는 사실에 기반한 현재적 관점에서의 해석이다. 일제강점기 운용되었던 식민지 감옥의 실체와 기록이 남아 있는 한 일제의 강점과 침탈사는 부인할 수 없는 역사로 존재한다. 이 역사를 반성하고 새로운 미래로 나아가야 하는 것은 침략당한 자가 아닌 침략한 자의 몫이다. 역사적 사실을 마주하고 인정할 때 불의(不義)의 역사가 반복되지 않을 수 있다. 식민지 감옥은 이러한 역사의 순리를 보여주는 기록이자 현장이다.

일본제국주의의 침탈사가 감추어야 할 불편한 과거가 아닌 역사적 사실로 모두에게 인식될 때, 비로소 독립운동가들이 추구하였던 자유와 평화, 정의(正義)는 우리에게 한 발 더 다가올 것이다.

2024. 8.

박경목

차례

발간사 • 2
서문 • 5

I. 식민 지배의 준비, 감옥을 설치하다
1. 대한제국의 감옥 개혁과 좌절 • 10
2. 일제 통감부의 감옥 개설 • 13
3. 근대식 감옥 신축 • 17

II. 수감자 증가, 감옥을 확장하다
4. 수감자 증가 • 24
5. 감옥의 증설 • 26
6. 사상범 전용 감옥 설치 • 35

III. 항일 독립운동, 사상범의 굴레
7. 사상범이 된 독립운동가 • 42
8. 수형기록카드 실제 • 48
9. 수형기록으로 보는 사상범 • 54

IV. 식민지 감옥의 일상
10. 통제된 일상, 의식주 • 70
11. 강제된 노동, 노역 • 85
12. 사상통제 그리고 전향 • 92

참고문헌 • 102
찾아보기 • 104

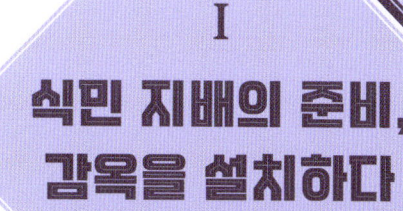

I
식민 지배의 준비, 감옥을 설치하다

1
대한제국의 감옥 개혁과 좌절

감옥은 피고인과 기결수의 인신을 구속하여 자유형을 집행하는 행형 기관이다. 전통 시대 타격형과 유배형 같은 처벌 방식이 근대 혁명 이후 자유형으로 바뀌며 감옥의 기능도 인신 구속으로 바뀌었다. 이것을 이전의 감옥과 구분하여 근대 감옥이라 칭한다. 근대 감옥은 근대의 산물이며, 근대 혁명 이후 자본주의화된 제국주의 국가와 그들이 개척한 식민지에 설립되기 시작했다.

비슷한 시기, 조선 후기의 감옥은 형조 산하에 전옥서(典獄署)가 설치되어 운용되었다. 전옥서는 전통 시대 형벌인 타격형, 사형, 유배형 등을 집행하기 전, 형 선고나 집행을 대기하는 단순 구금 시설이었다. 1894년 군국기무처가 설치되어 제도 전반에 대한 변혁을 꾀할 때 전옥서는 감옥서(監獄署)로 변경되었다. 이때부터 근대적 감옥으로 개혁하려는 움직임이 있었다. 인신 구속의 자유형인 '징역(懲役)'을 집행하려는 시도였다.

우리나라에서 본격적으로 자유형을 집행한 사례는 1897년 조선의 국호가 대한제국으로 바뀐 이후부터다. 1899년 7월 한성부의 감옥서에 갇혔던 최정식(崔廷植)과 이승만(李承晩)의 탈옥 사건을 판결하는 과정에서 자유형이 선고되었다. 최정식에게 교수형, 이승만에게 태 100대와 종신형이 선고되었다. 이승만에게 '종신형'이라는 인식 구속의 형벌이 재판에서 선고된 것은 이 시기 자유형이 일반화되었음을 뜻한다.

감옥서는 1900년 6월 그동안 불분명하던 사무 범위와 지휘 체계를 명시하고, 감옥서 서장을 경무관과 같은 주임관(奏任官)으로 설정하여 독자적인 운영권을 확보해 나갔다. 운영 예산도 해마다 증가하였다. 1900~1903년까지 본예산의 변화 추이를 살펴보면, 1900년 14,262원, 1901년 19,298원, 1902년 22,703원, 1903년 32,650원으로 매년 5,036원, 3,405원, 9,947원의 증가 추세를 보였다. 당시 다른 부처의 예산이 거의 증액되지 않았다는 점을 고려하면 큰 폭의 증가였다. 인력 배치에도 1905년 감옥서에 의사 2명의 자리를 신설하여 확보하였고 남녀 구분 수감을 명시하는 등 지속해서 질적·양적 변화와 확대를 도모했다. 이렇게 대한제국기 감옥은 내재적인 제도 정비를 통해 관리·감독 기능이 강화되면서 자유형을 집행하는 시설로 점차 자리를 잡아갔다.

그러나 1904년 러일전쟁과 한일의정서, 1905년 을사늑약 체결 등 일제의 식민지화가 가시화되면서 자주적인 감옥 운영은 더 이상 진전될 수 없었다. 1906년 일제의 통감 정치 아래에서 강압적인 제도 이식이 본격화되면서 감옥은 '근대'로 포장된 식민지 부속 장치의 일부로 변질되고 있었다. 일제는 1907년 7월 '정미조약(한일신협약)'을 체결하여 시정 개선의 명목으로 법령 제정과 행정상의 처분 등에 대한 승인권을 장악하였다. 이때부터 입법, 사법 및 고등 관리 임면 등 내정 전반을 장악하였으며, 감옥 운영을 주도하기 시작하였다.

일제 통감부는 1907년 12월 13일 감옥관제(監獄官制)를 제정하여 기존에 내부(內部) 소속 경무청 소관이었던 감옥 사무 일체를 법부(法部)로 이관하였다. 감옥서를 경찰의 업무에서 분리, 독립시켰던 것이다. 또한 감옥서장을 검사장(檢事長)의 지휘·감독하에 둠으로써 사법권에서 감옥 운영을 주도하였다. 이어 감옥 조직과 관련 법령을 대폭 개편하여 다수의 일본인을 기용함으로써 감옥 운영을 장악해 나갔다. 이때 일본인 관리가 급증하자 기존에 없었던 통역 직제를 신설하여 한국인 수감자와 일본인 간수 사이의 원활한 의사소통 및 문서 번역을 도모하였다. 또 감옥서장과 실무 담당자 사이에 간수장(看守長)직을 신설하면서 관리 인력을 대거 증원하였다. 이로써 대한제국에서 시도한 일련의 감옥 제도 개혁은 통감부에 의해 좌절되었고, 보호국 체제하에서의 감옥 운영은 일본인이 전적으로 장악하였다. 결국 이 시기 감옥은 일제의 식민 지배를 위한 침략 수단으로 전락하고 있었다.

2

일제 통감부의 감옥 개설

　통감부는 관제 개편의 후속 조치로 1907년 12월 27일 '경성감옥서(京城監獄署)'를 설치하였다. 기존의 '감옥서'에 '경성'이라는 명칭을 덧붙인 것은 일제의 한국 식민지화 전략과 관련이 있다. 일제 헌병주차대가 의병(義兵)과 항일세력에 대응하기 위해 1907년 10월 서울을 중심으로 치안 유지 등의 경찰 업무를 선점했던 것과 동일한 전략이다. 경성감옥서의 등장은 1907년 말 서울을 중심으로 일제의 식민지화가 가속되고 있었음을 보여준다. 일본인에 의한 감옥 운영의 기반을 마련한 것이다.
　경성감옥서는 이후 약 4개월여 만인 1908년 4월 11일 '경성감옥'으로 이름을 바꾸었다. 이때 변경의 핵심은 그간 일원화되어 있던 '감옥(監獄)'의 구금 기능과 '서(署)'의 행정 기능을 분리, 이원화했다는 점이다. 감옥이 더 이상 법부 산하의 일개 부서(府署)가 아니라 형벌을 집행하는 단독 기관으로서 '위상'을 갖게 된 것이다. '감옥서'에서 '감옥'으로의 변화는 자주적 개혁의 좌절인 동시에 일본인에 의한 본격적인 감옥 운영을 의미한다.

이때 경성감옥에 재직했던 일본인은 감옥소장 가미오 도라노스케(神尾虎之助)를 비롯하여 간수장 이노우에 신노스케(井上信之助), 고쿠부 만지로(國分萬次郎), 기요하라 고타로(淸原孝太郎), 감옥의(監獄醫) 다카토 만야(高頭萬冶) 등이 있었다. 이노우에는 1910년 전옥(典獄: 감옥을 총괄하였던 관직 명칭, 현재의 소장직)으로 승진하여 해주감옥 소장을 지냈다. 고쿠부 역시 1912년 전옥으로 승진하여 해주감옥과 1918년 함흥감옥 소장을 지냈다. 기요하라는 1921년 전옥으로 승진하여 광주감옥 소장을 지내고, 1928년부터 1933년까지 대구형무소 소장을 지냈다. 이들은 경성감옥 재임 경력을 발판으로 승진하여 일제강점기 전국 각지 감옥의 소장을 역임하면서 한국 내 감옥을 장악하였고, 일제강점기 내내 감옥 운영을 주도하였다.

일제는 동시에 전국 주요 도시에 본감옥(本監獄)을 설치하면서 전국에 감옥을 확산시켰다. 경성감옥 개설 후 공주, 함흥, 평양, 해주, 대구, 진주, 광주 7개 지역에 설치된 본감(本監)은 1908년 7월 16일부터 업무를 시작하였다.

본감의 개시는 곧 수감 인원의 증가로 이어졌다. 본감 업무 개시 직전인 1908년 7월 전국의 수감 인원은 501명이었으나, 업무 개시 3개월 후인 같은 해 10월에는 수감 인원이 2,019명으로 1,518명 증가했다. 3개월 만에 약 4배라는 폭발적인 증가율을 보였다. 주요 수감 사유는 내란 192명, 폭동 44명, 강도 710명 등의 '정치적' 이유와 절도 314명, 준강도 134명, 위조 76명 및 기타 등의 '형사적' 이유였다. 그뿐만 아니라 간단한 처벌이나 처벌이 불필요한 '위생 방해' 같은 경범죄자에 대해서도 처벌 조항이 생겨 구속하였다. 기존에 없던 새로운 규제를 통해 일반인에 대한 통제 범위를 확대해 나갔다.

일제가 전국 8개 지역에 감옥을 개설한 이유는 감옥의 지휘 체계를 통감부 산하로 단일화하고 집중함으로써 항일 세력과 일반 대중을 효과적으로 통제하기 위해서였다. 이를 위해 감옥은 행정 부서에 부속되지 않은 독립적인 처벌 기관 역할을 수행하였다.

이 시기 감옥 개편을 주도한 인물은 법부 차관 구라토미 유자부로(倉富勇三郞)와 이른바 '옥무쇄신(獄務刷新)의 제1간수'로 평가받았던 법부 서기관 진노 다다타케(神野忠武)였다. 구라토미는 1903년 오사카공소원 검사장, 1904년 도쿄공소원 검사장을 지낸 법관 출신이다. 일본 법률취조위원 재임 중 1907년 8월 12일에 법부 차관으로 국내에 배속되었다. 그는 이토 히로부미(伊藤博文)에게 한국 내 일본인이 관리하는 통감부 재판소의 설치를 제안하면서 관련 법령을 기초하였다. 일본인을 직접 한국재판소의 관리로 임명하여 한국 내 재판 일체를 관장하도록 한 것이다. 한국 내 내·외국인에 대한 모든 재판권을 확보함으로써 일제의 입지를 강화하였다. 1909년 통감부 사법청 장관, 1910~1913년 조선총독부 사법부 장관을 역임하는 등 일제 강점 초반 한국 법조계의 수장을 지냈다.

진노는 일본 가나자와감옥(金澤監獄)에서 소장 직급인 전옥을 지냈다. 재임 당시 구라토미에게 발탁되어 1908년 한국 법부 서기관에 임용되었다. 1910~1914년 사법부 형사과 사무관, 1915~1920년 사법부 감옥과 사무관을 지내며 3등 1급까지 승진했다. 그는 한국의 감옥 관제 및 부수적인 각종 법령 등을 입안하고 정비하였다. 감옥 관리 선발, 감옥 관리 복제 및 급여, 세입·세출, 옥사 개축 등 감옥 운영과 관리에 필요한 제반 사항을 정비하여 일본 감옥제도를 한국에 이식하는 데 앞장섰던 인물이다.

3
근대식 감옥 신축

전국 8개소 본감의 수용 인원은 1908년에 들어서면서 이미 수용 인원을 초과하여 포화상태가 되었다. 후기 의병전쟁이 전국 각지에서 격렬하게 일어났기 때문이다. 일제 조선군주차사령부에서 집계한 의병의 숫자만 해도 1908년 4월 10,000여 명, 5월 11,400여 명, 6월 31,245명으로 급증하였다. 1908년 10월 전국 8개 본감의 총수용 면적이 298평이었고, 총 수감 인원은 2,019명으로 평당 수용 인원은 6.7명 이상이었다. 이 가운데 상당수 의병이 포함되어 있었다.

일제는 항일 세력 증가에 따른 감옥의 포화 상황에 대비해 수용 대책을 준비하고 있었다. 1906년 경무고문 마루야마 시게토시(丸山重俊)가 한국 내 감옥의 수용 능력이 부족함을 지적하면서 감옥의 신축을 제기하였다. 그것은 서울 서대문 현저동에 인신 구속을 전담하는 근대식 감옥을 신축하는 것으로 구체화되었다. 곧바로 속도를 올려 〈그림 1〉의 '경성

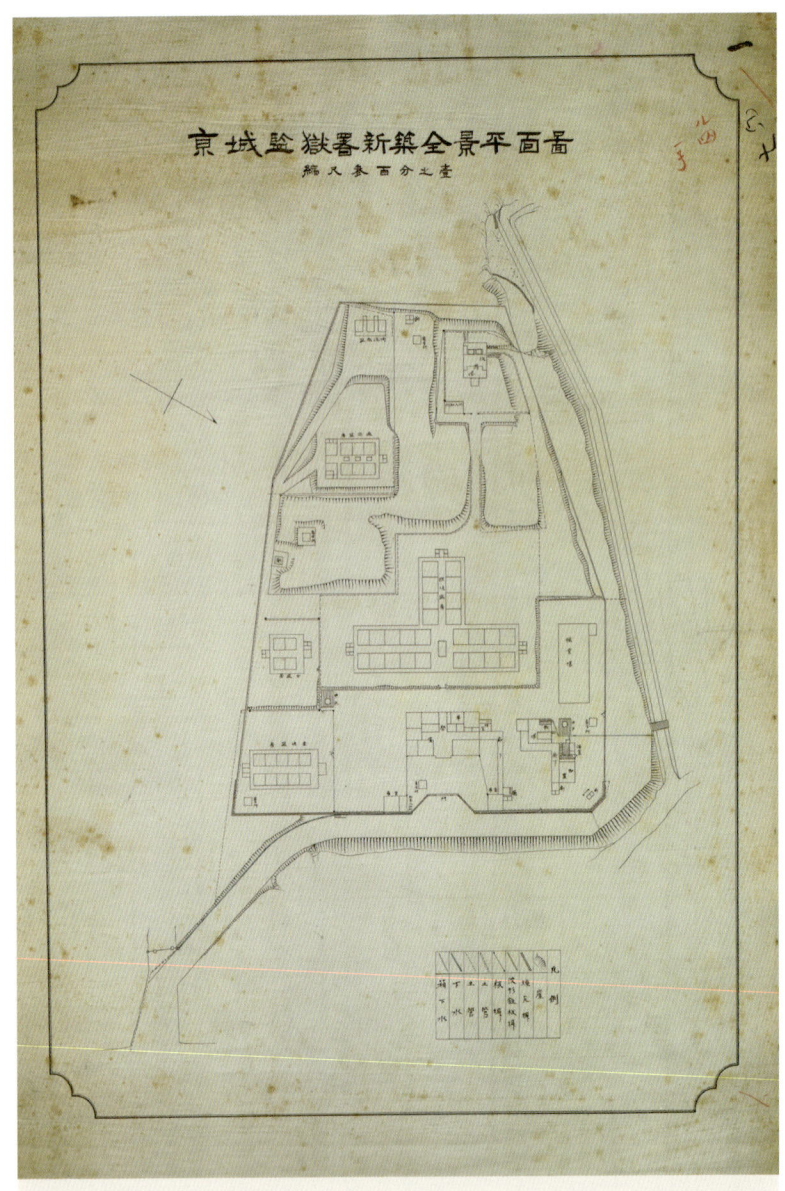

〈그림 1〉 경성감옥서 신축 전경 평면도(1907년 추정)

– 출처: 국가기록원 소장

감옥서 신축 전경 평면도'가 제작되었다. 감옥서가 경성감옥서로 변경된 직후인 1907년 12월 전후부터 새로운 감옥의 신축을 계획하였고, 이것이 식민지 한국에 설치된 최초의 근대 감옥인 경성감옥의 시작이었다.

신축한 경성감옥의 설계자와 소요 비용 및 건물 구조 등은 1920년대 경성감옥 소장을 역임한 나카하시 마사요시(中橋政吉)가 정리한 『조선구시의 형정(朝鮮舊時の刑政)』을 통해 파악할 수 있다. 이에 따르면 일본에서 감옥서장을 지낸 시우텐 가즈마(四王天數馬)의 설계로 1907년 준공되었다. 건립 비용은 약 5만 원이 소요되었다고 한다. 자재는 전부 목재이고, 담장은 일부만 벽돌로, 나머지는 모두 아연판을 붙인 판자로 둘렀다. 규모는 청사 및 부속 건물 80평, 감방 및 부속 건물 480평, 부지면적 약 3,934평(13,000m²)이었다. 옥사의 구조는 순찰, 시찰, 환기 및 방한 등을 고려하여 'ㅗ'자 형으로 하고, 외부에도 순찰로를 두었다. 수용 인원은 500여 명 정도였으며 공장, 목욕탕 및 기타 설비를 갖추었다.

〈그림 1〉의 도면에서 'ㅗ'자 모양의 건물이 옥사(獄舍)이고, 그 주변에 배치된 건물이 청사 및 부속 시설이다. 옥사는 통제가 편리하도록 가운데 교차 지점에서 간수들이 세 방향으로 감시하고, 수감자들은 각 세 방향으로 수용되었다. 이 감옥의 수용 면적은 1908년 초 전국 8개 감옥의 총 수용 면적 298평보다 약 1.6배 넓은 480평으로 당시 국내에서 가장 큰 규모였다.

준공 시점은 '해산 군인의 의병 가담과 순종 즉위 직후로 정세가 불안하여 완성된 후에 바로 개소하지 못하고, 폐쇄된 채 잡초에 파묻혀 있었다'라는 기록으로 미루어 보아 1907년 후반 완공되었으나 바로 개소하

〈그림 2〉 경성감옥 전경(1908년)

- 출처: 치형협회, 1924, 『조선형무소사진첩(朝鮮刑務所寫眞帖)』

지 못하고, 1908년 10월 19일에 문을 열었다. 이후 서대문감옥(1912.9~1923.5), 서대문형무소(1923.5~1945.11)로 명칭이 변경됐다. 이하 서술에서는 시기별로 명칭을 구분하여 칭한다.

경성감옥이 개소되었던 시점은 전국 각지에서 의병들이 격렬히 싸웠던 시기로 수감자 대부분이 의병장 또는 각 의진 소속 의병이었다. 대표적으로 허위(許蔿), 이강년(李康年), 이인영(李麟榮) 의병장이 이곳에서 사형당해 순국하였다. 사형 외에도 종신형 등 중형 이상의 선고가 급격히 늘어났다. 그 결과 개소한 지 두 달도 채 되지 않은 1908년 12월 말 경성감옥의 수감 인원은 정원 500명을 초과하여 835명에 이르렀다. 정원의 67%를 이미 초과한 과밀 상황이었다.

이러한 근대식 감옥의 신축은 한국에 대한 일제의 강압적 태도를 보여준다. 1908~1911년 사이 경성감옥에 갇힌 것으로 확인된 115명의 의병 가운데 58명, 50%가 사형을 당하는 극단적인 처벌이 자행되었다. 일제는 한국인을 폭압적으로 식민 권력에 복종시키고자 하였으며, 이에 맞서는 경우 강력한 처벌이 뒤따랐다. 감옥은 일제의 한국 식민지화 과정에서 폭력적 강제 수단으로 작용하였다. 그들의 침략에 맞서는 자들을 처벌하고 감금하면서 한국인의 꿈과 희망을 좌절시키는 통제 장치로써 감옥을 정착시켜 나갔다. 일제의 근대식 감옥 설치는 곧 식민 권력의 절대화를 위한 작업이었다.

일제는 본감옥 설치 이후 1908년 11월 전국 8개 지역에 분감옥(分監獄)을 추가로 설치하였다. 지방의 주요 소도시까지 장악하면서 그곳에 감옥을 개설하였다. 경성감옥 관할 인천분감과 춘천분감, 공주감옥 관할 청주분감, 함흥감옥 관할 경성(鏡城)분감과 원산분감, 평양감옥 관할 의주분감, 진주감옥 관할 부산분감, 광주감옥 관할 전주분감이 설치되었다. 운영 준비를 거친 분감은 1909년 2월 중순부터 3월 초 사이에 업무를 시작하였다. 이로써 서울을 중심으로 전국 감옥을 8본감 8분감 체제로 확장했다.

이때 감옥 관리 인력은 총 682명이었고, 이 중 일본인 422명(62%), 한국인 260명(38%)이었다. 중간 간부 이상의 전옥과 간수장은 일본인이 장악하였고, 한국인은 하급 관리직을 맡았다. 감옥 운영에 있어 본감과 분감 체제의 도입은 식민지 지배를 앞둔 일제의 한국인 통제 정책과 깊은 관련이 있다. 강제병합 직전인 1909년 12월 말 전국 감옥의 수감 인원이 6,061명인 것에 비해, 직후인 1910년 12월 말 인원은 7,021명으로 1년 사이 960명으로 16%가 증가하였다. 이듬해 1911년 12월 말에는 9,599명으로 늘었다. 강점 후 1년 4개월 만에 2,578명, 37%가 증가했다.

강제병합 전 일제가 전국 16개 지역에 본감옥과 분감옥을 설치한 의도가 수치로 확인되는 대목이다. 결국 근대식 감옥을 신축하고, 전국 소도시에까지 감옥을 개설하여 그들이 추구하는 이른바 '치안', 즉 식민지 지배 질서를 정착시키고자 하였다. 한국인을 물리적으로 억압하고 통제함으로써 저항 세력을 제거하고, 원활한 식민 지배를 도모하였던 것이다.

II
수감자 증가, 감옥을 확장하다

4
수감자 증가

　1910년 8월 일제는 한국의 국권을 강제로 빼앗은 후 헌병을 동원한 무단통치로 일관하였다. 동시에 독점 자본의 경제적 이익을 극대화하기 위해 1912년 토지조사령을 통해 토지조사사업을 시행하면서 경제적 수탈을 가속하였다. 정치적 측면에서는 언론, 집회, 결사의 자유를 금지하여 한국인의 모든 정치적 행위를 차단하였다. 사회적인 측면에서는 항일 독립운동가를 일반 대중과 철저히 격리하고, 강력한 처벌을 통해 항일의 의지를 원천 봉쇄하고자 했다. 이를 위해 징역형의 판결 빈도를 점점 증가시켰다.

　이 같은 상황에서 강제병합 직후 전국 감옥의 수감 인원은 대폭 증가했다. 〈표 1〉과 같이 1910년 12월 7,021명이었던 수감자가 1916년 1만 명을 넘어섰고, 3·1운동이 일어난 1919년에는 큰 폭으로 늘어나 15,176명으로 증가했다. 수감자 폭증으로 감옥 운영의 난관에 봉착한 일제는 이른바 '은사령(恩赦令)'을 통한 감형으로 일시적으로 그 인원을 줄여나갈 수밖에 없었다. 그럼에도 1925년 5월 치안유지법(治安維持法) 공포에 따른 사상 통제 강화와 1926년 6·10만세운동, 1927년부터 일어난 간도공산당사건, 1930년대 대대적인 독립운동 탄압이 이어지면서 수감자는 계속 증가하는 추세였다. 이 추세는 일제강점기 내내 지속되었다.

〈표 1〉 일제강점기 전국 감옥 수감 인원   (단위: 년, 명)

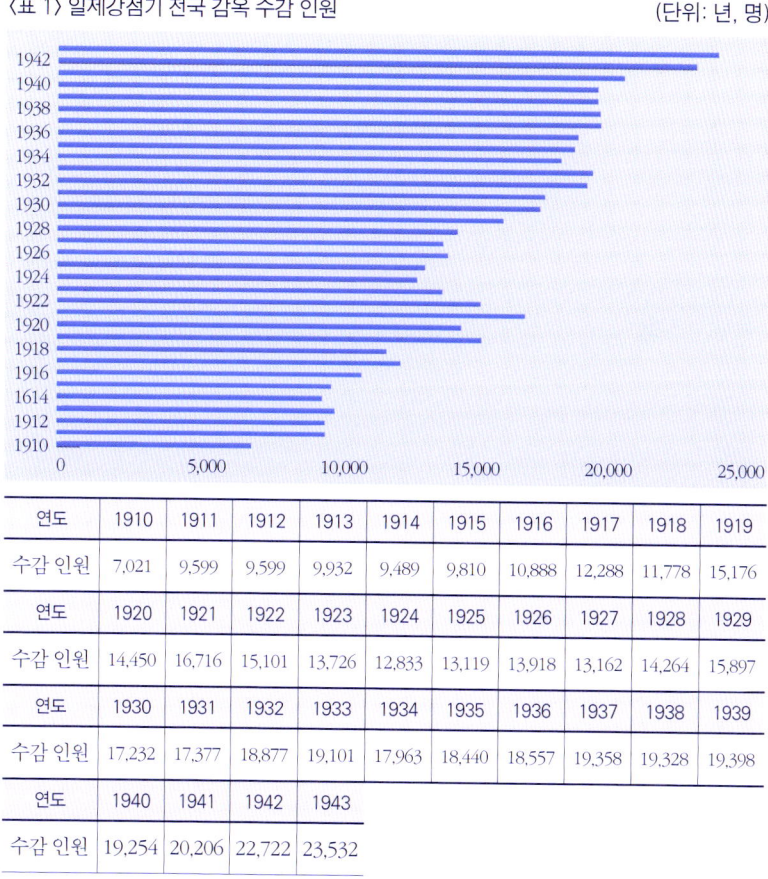

연도	1910	1911	1912	1913	1914	1915	1916	1917	1918	1919
수감 인원	7,021	9,599	9,599	9,932	9,489	9,810	10,888	12,288	11,778	15,176
연도	1920	1921	1922	1923	1924	1925	1926	1927	1928	1929
수감 인원	14,450	16,716	15,101	13,726	12,833	13,119	13,918	13,162	14,264	15,897
연도	1930	1931	1932	1933	1934	1935	1936	1937	1938	1939
수감 인원	17,232	17,377	18,877	19,101	17,963	18,440	18,557	19,358	19,328	19,398
연도	1940	1941	1942	1943						
수감 인원	19,254	20,206	22,722	23,532						

출처: 조선총독부, 1910~1943, 『조선총독부통계연보(朝鮮總督府統計年報)』.

5
감옥의 증설

　수감자 증가에 따라 일제는 강점 직후 감옥 증설을 모색했다. 그 결과 1912년 10월 서울 마포 공덕동에 감옥을 증설하여 이를 경성감옥(1923년 경성형무소로 변경)으로 명명하였다. 1908년 10월 신설한 서울 서대문 현저동의 기존 경성감옥은 이때 서대문감옥으로 바뀌었다. 그러나 이 증설로도 수감자 증가를 당해 내지 못했다.
　1913년 사법부 장관으로 취임한 고쿠부 산가이(國分三亥)는 '옥사 확장 계획'을 발표하고 한국 내 대대적인 감옥 확장에 착수하였다. 그는 1908년 한국에 부임하여 고등법원 검사를 지낸 인물이다. 이때 한국인에 대한 징역형 구형이 증가했던 경험을 토대로 감옥 시설의 부족을 대비하여 재임 동안 감옥 확장에 주력한 인물이다. 감옥 확장의 목표는 다음의 자료에서 확인할 수 있다.

감옥의 개축(改築)은 종래 재정(財政)과 기타 사정으로 인하여 임시응급(臨時應急) 시설 위주로 되었는데, 재감 인원의 증가로 불편한 것이 많은바, 금년(1915)부터 비교적 완비할 수 있는 건축 시행 계획을 수립했다. 이는 재감인(在監人)을 사역(使役)시켜 직영으로 시공함으로써 건축비를 절약했다. 먼저 서대문감옥 구치감, 해주 및 함흥 양 감옥의 개축에 착수했다.

— 조선총독부, 1917, 『조선총독부시정연보(1915): 제25절 감옥』, 75쪽.

첫 번째 목표는 기존까지 임시방편으로 진행하였던 감옥의 개축을 장기적으로 수감 인원을 늘릴 수 있는 '완비 시설'로 설치하는 것이었다. 두 번째 목표는 전국 각지의 감옥을 개축하여 개별 감옥의 수용 능력을 증대시키는 것이었다. 이 계획에 따라 1915년부터 서대문감옥을 비롯한 함흥감옥, 해주감옥의 옥사를 확대해 나갔다. 서대문감옥의 경우 1908년 들어선 목조 옥사와 청사 건물들이 1915년부터 철거되는 동시에 붉은 벽돌로 쌓아 올려진 옥사가 신축되었다. 1920년대 초반에 들어서면 붉은 조적조의 전혀 새로운 모습으로 바뀌었다.

조선총독부는 1917년 이후의 전국 수감 인원을 12,979명으로 예상하였으나 1917년 12월 말 전국 수감 인원이 12,288명에 달해 이미 수감 예상 인원의 95%에 육박했다. 따라서 당시 감방 3.3㎡(1평)당 평균 5.6명을 수용하는 과밀 현상을 해소하는 동시에 증가하는 수감자를 수용할 대책을 마련해야 했다. 1915년에 계획한 서대문·함흥·해주 3개 감옥의 개축만으로는 늘어나는 수감 인원을 감당하기 어려운 실정에 봉착한 것이다.

조선총독부로서는 감옥 확장 정책의 실효를 거두기 위해서 새로운 감옥을 설치하는 것이 당면 과제였다. 고쿠부 산가이의 감옥 확장 정책에 세 번째 목표가 추가되었던 이유다. 세 번째 목표는 바로 신규 감옥의 설립 발표로 이어졌다. 고쿠부는 1918년 4개년 계획으로 감옥을 신설하기로 했다. 그 대상 지역은 대전이었다. 장기수 수용을 목적으로 서울에서 이동이 편리한 곳을 선정한 결과였다. 이 계획에 따라 대전 중촌동 일대에 대지를 매입하였다.

그런데 이듬해 1919년 3·1운동으로 일제의 감옥 운영은 난관을 맞게 된다. 남녀노소를 가리지 않고 무력을 동원해 폭압적으로 탄압하면서 수감 인원이 큰 폭으로 증가하였기 때문이다. 1918년 말 전국에 11,778명이 수감되었는데 3·1운동 직후 3,398명 증가하며 1919년 말에는 15,176명이 되었다. 29%나 증가한 것이다. 이때 전국 각지의 감옥 수용 능력은 이미 포화 상태를 넘어 극도의 혼란 상태에 빠졌다. 당시 서대문감옥 소장을 맡고 있던 가키하라 쓰카로(柿原塚郞)는 과밀한 수용으로 인한 1919년의 감옥 상황을 '유인의 포기 상태'라고 하면서 매우 위태로웠다고 회고하였다.

독립만세 소요사건은 경성에서 발생해서 불길 같은 세력으로 전 조선에 퍼져 검거당한 인원은 대단한 수에 달하고, 각 감옥들은 일시에 입감자가 증가하여 어느 곳이나 그 대비에 고심했습니다.

그중에서도 서대문감옥은 그 사건의 간부인 천도교주 손병희(孫秉熙) 외 30여 명을 비롯하여 많은 연루자를 수용하여 재감자가 3천에 이르러 드디어 교회당(敎會堂)과 공장에도 철조망을 둘러 감방으로 대용하는 궁

여지책을 취했습니다. 그런데 재감자 중에는 큰 소리로 독립을 외치는 자가 있는가 하면, 이에 동조하는 자가 있어 그 소란은 도저히 비할 바 없는 상태였고, 게다가 감옥 전방과 배후의 높은 곳에 독립운동원이 기어올라와 낮에는 한국기를 휘두르고, 밤에는 봉화를 올리므로 재감자들을 선동하여 매일 매야 계속되었습니다.

　당시 개축 공사 중이어서 삼면의 벽돌담은 겨우 완성되어 있었으나, 한쪽은 취약한 종전대로의 아연담이었으므로 파옥(破獄)을 실행한다는 것은 극히 용이해서 실로 유인의 포기의 상태였습니다.

　– 남기정 역, 1978, 『일제의 한국 사법부 침략 실화』, 육법사, 196~197쪽.

그의 회고와 같이 수감자의 폭증으로 옥사 외에도 기타의 모든 부속시설을 수감자 수용에 사용하는 데 급급했다. 심지어 수감자들이 서대문감옥을 파괴하고 탈출을 감행한다고 해도 막을 엄두조차 내지 못할 정도로 매우 심각한 상황이었다.

수감 인원이 폭증한 것과는 달리 감옥 시설의 증설은 같은 기간 두 배를 넘지 못했다. 수용 밀도는 언제나 기준을 초과하였고, 실제 운영에 있어 한 평에 8~9명이 수감되기 일쑤였다. 3·1운동을 경험한 일제는 1915년 계획한 옥사 확장만으로는 문제를 해결할 수 없다고 판단하였고, 다시 '획기적인 감옥 대확장 및 직원 증가 계획'을 세워 1919년 하반기부터 대대적인 감옥 확장 작업에 들어갔다. 1919년 9월부터 청진감옥과 대구감옥에서 증축 및 신축 공사가 시작되었고, 서대문·경성·전주·청진·신의주·목포·영등포 감옥에서도 감방 1평당 4~5명을 초과하지 않을 정도로 신축을 추진하였다. 이와 별도로 어린 소년들을 별도로 수용할 목적으로 18세 이하의 소년 감옥 신설도 계획하였다.

특히 3·1운동으로 체포된 수형자 처리 문제를 매우 시급한 현안으로 삼았다. 이를 해결하기 위한 급선무로 '남선(南鮮) 지방에 장기 수형자 집금(集禁: 집중 수용)'을 목적으로 속히 감옥을 신설하기로 했다. 이 때문에 원래 4개년 중장기 계획으로 신설하려던 대전 지역 내 감옥 설치가 긴박하게 추진되었다. 그 결과 감옥 신설이 급작스럽게 공표되었고, 1919년 5월 8일 '대전감옥'이라는 명칭으로 위치는 '충청남도 대전'으로 고시되었다.

그러나 대전감옥은 부지만 갖추었을 뿐 제반 시설 등이 전혀 없는 상황이었다. 할 수 없이 같은 해 10월 19일 임시 건물 한 개 동만을 갖춘 채 개청식을 하고 개소하였다. 원래 계획보다 3년여 앞당겨 개소하였기 때문에 옥사와 공장 등 각종 시설을 갖출 엄두조차 내지 못한 채 업무가 시작되었다. 이후 시설이 어느 정도 갖추어진 것은 1920년대 후반의 일이다.

대전감옥에 최초로 수감자가 수용된 시점은 1919년 11월이다. '같은 해(1919) 11월 서울 외 13개소의 감옥에서 수형자 237명을 이송받아 신영(新營)공사에 사역'했다는 기록을 통해 위 사실이 확인된다. 이때 이송된 수감자는 대전감옥의 설치 목적인 '장기수 수용'에 적합하도록 장기수 위주로 선별하였다. 1919년 말 수감자 250명의 형량은 무기징역 1명, 15년 이상 6명, 15~10년 39명, 10~5년 108명, 5~3년 62명, 3~1년 34명이었다. 이 가운데 10년 이상의 장기수가 46명, 18%를 차지한다.

위와 같은 형량 구성은 대전감옥의 신축 공사를 염두에 둔 조치였다. 3·1운동의 여파로 임시 건물 하나만 갖춘 채 급히 문을 열었기 때문에

〈그림 3〉 대전형무소 전경(1930년대 초반 추정)

- 출처: 형무협회, 1930년대 초, 『대만·조선형무소 연혁사』

개소 이후에도 지속적인 건축 공사를 진행해야 했기 때문이다. 일제는 이 신축 공사를 '직영(直營)', 즉 수감자의 노동력을 착취하여 공사를 직접 시행하기로 하였다. 따라서 건축에 필요한 노동력을 장기간 확보해야 했기에 형량이 긴 수감자를 이송받아 일을 시키고자 하였다. 이러한 건축 사역을 비롯한 공장 노동 등의 노역(勞役)은 감옥의 수감자 통제 방식 중 하나였다. 예산 절감과 수익 창출은 물론 수감자의 효율적 관리와 통제를 도모하려는 방편이었다. 일제는 이러한 통제 방식을 식민지 한국에 그대로 도입하여 대전감옥 건축에도 적용하였다. 대전감옥은 이후 1923년 대전형무소로 바뀌었다.

한편, 최초의 근대 감옥으로 설립된 서대문감옥은 1908년 10월 경성감옥으로 개소될 당시 부지 약 13,000m^2(3,934평)에 연건평 1,848m^2, 수용 인원 500명 규모였다. 감옥 확장이 계획되었던 1915년 수용 인원이 1,686명에 달해 적정 수용 인원의 3배를 이미 초과했다. 이를 해결하기 위해 1918년 미결감(未決監)과 중앙간수소, 여구치감, 여옥사 등을 신축하여 초기보다 두 배 이상 규모를 확장시켰다.

그러나 1919년 3·1운동의 영향으로 서대문감옥도 수감 인원을 감당할 수 없게 되었다. 서대문감옥의 수감 인원은 1918년 말 1,856명에서 1919년 말에는 3,075명으로 1,219명, 66%나 증가하였다. 이때 전국에서 증가한 3,398명의 수감자 중 1,219명이 서대문감옥에 수감되었기 때문이다. 이렇게 늘어나는 수감 인원으로 인하여 기존 시설로는 감옥 운영 자체가 어려운 형편이었다.

이에 기결수를 수용할 옥사 3개 동의 신축을 추진하여 1920년대 초반까지 건축 공사가 지속되었다. 1923년 5월에 이르면 미결감 3개, 기결감 3개, 여옥사 2개 총 8개 동의 옥사 시설을 갖추게 되었다. 이러한 서대문형무소의 옥사 확장은 『조선형무소사진첩』에 실린 〈그림 4〉의 사진을 통해 파악할 수 있다. 이 사진의 설명문에서 사진 촬영 시기가 1924년 5월이고, 이때 서대문형무소의 신축 옥사가 대부분 준공되었으며 후속 조치로 운영상 필요한 부속 건물이 건축 중인 것이 확인된다. 사진 설명문은 다음과 같다.

> 기존의 목조건물과 아연판으로 되어 있는 외벽을 개선하여 건물 전부를, 연와(煉瓦: 벽돌)를 사용하여 개축 계획을 세운 후, 1915년 개축에 착수하여 대부분 준공되었다. 정문(正門) 뒤로 보이는 것이 청사이고, 그 오른쪽의 방사형 건물이 징역감(懲役監), 그 오른쪽 2열이 공장, 그 뒤에 의

〈그림 4〉 서대문형무소 전경(1920년대 초반)

- 출처: 치형협회, 1924, 『조선형무소사진첩』

무실과 병감(病監)이 있다. 청사의 왼쪽에는 여감(女監), 그 뒤에는 구치감(拘置監)이 있고, 청사의 뒤 오른쪽에는 운동장이 있다. 그 밖에 중앙간수소, 교회당, 취사장(炊事場), 욕탕(浴湯) 등이 건축 중이다.

민가 뒤쪽 좌우로 길게 뻗은 담장의 중앙부 왼쪽에 아치형의 정문이 있고, 그 뒤 1923년 준공된 청사 건물이 보인다. 청사 오른쪽에 부채꼴 사선으로 배치된 3개 동이 1922년 완공된 기결수 수용 옥사다. 그런데 청사와 기결수 옥사 사이에 공간이 보인다. 옥사를 관리하는 중앙간수소를 건축하고 있는 모습이다. 중앙간수소는 전체 바닥면적 $658.45m^2$(약 199.5평)의 건물로, 1층은 간수들이 옥사를 관리하기 위한 공간으로 사용하였고, 2층은 '교회당'으로 수감자들을 한데 모아 놓고 교육할 때 사용하였던 일종의 강당이다. 기결수 옥사 건물 오른쪽 일직

선으로 길게 늘어선 여러 동의 공장 건물이 보인다. 그 뒤로 의무실과 병감이 있다. 청사 왼쪽 건물은 여성 옥사다. 그 뒤 부채꼴 사선으로 배치된 옥사는 1915~1918년 사이 완공된 후 1919~1922년 사이 일부 증축되었던 미결감이다.

이렇게 서대문형무소는 1915~1919년 사이에 3개 동의 미결감과 여성 옥사 2개 동, 중앙간수소 2개 동이, 1919년부터 1923년 사이에는 기결감 4개 동, 중앙간수소 1개 동이 추가로 들어섰다. 대대적인 옥사 확장에 따라 서대문형무소도 확대를 거듭하여 1930년대에는 부지면적이 55,000m²(16,500여 평) 규모로 확대되었다. 1908년 최초 개소 시기에 비해 약 4배 증가하였고, 수용 인원은 2,500여 명에 육박하여 5배 증가하였다.

1912년 서울 마포 공덕동의 경성감옥과 1919년 대전감옥의 증설 및 서대문감옥을 비롯한 전국 각지 감옥의 확대는 단순한 시설 확장이 아니었다. 항일 독립운동가를 최대한 격리하여 식민지 지배 체제를 안정화하기 위한 목적으로 추진되었다. 그러나 여전히 독립운동가들의 항일투쟁은 계속되었고, 일제의 식민 지배는 격렬한 저항에 놓여 있었다. 이들을 일반 대중과 최대한 분리, 격리해야 하는 식민 당국은 감옥 내에서도 이들의 '사상 전파'를 막기 위해 일반 범죄자와의 접촉을 원천 차단하는 시설이 필요했다.

6

사상범 전용 감옥 설치

 전국 감옥에 수감된 인원은 3·1운동 후 1921년 정점에 달했다. 이후 1924년까지 감소 추세를 보이다 1925년부터 다시 증가 추세로 전환되었다. 1924년에 12,833명, 1925년에 13,119명(286명 증가), 1926년에는 13,918명(799명)으로 소폭 증가하다가 몇 년 후인 1931년에는 17,232명으로 17,000명대를 넘기며 큰 폭으로 증가하였다. 일제의 식민 통치가 강화될수록 이에 대한 반제투쟁과 한국인들의 저항이 거세졌기 때문이다. 이를 타개하고자 일제는 1925년 4월 22일 치안유지법을 제정·공포하였고, 1925년 5월 12일부터 적용하여 한국인에 대한 엄벌주의(嚴罰主義)적 행형을 도모하였다. 이 법의 광범위한 적용으로 1925년 이후부터 다시 수감자가 증가하였다. 또한 1928년 치안유지법 일부를 개정하여 이전의 최고 10년 구형 한도를 최고 사형까지 구형할 수 있도록 바꾸어 장기 형량을 선고할 수 있는 법률적 근거를 마련하였다.

이 때문에 1920년대 중후반부터 매년 증가하는 수감자로 난항을 겪고 있는 감옥 운영과 수감자 처우 문제가 신문에 자주 보도되었다. 시설의 부족 문제뿐만 아니라 항일 독립운동가들의 '감옥 내 선전과 적화'의 문제가 병존했다. 이 점은 당시 감옥 운영의 최대 관건으로 다음과 같이 식민당국이 고심하였던 부분이다.

주의자 형무소 특별 설립 계획(主義者 刑務所 特別 設入 計劃)

해마다 늘어가는 사상범인(思想犯人)을 형무소에 수용함에 대해서는 당국에서 매우 머리를 태우고 있어 오던바, 사상적 근거가 전연히 다른 그들의 개전(改悛)은 절망일 뿐 아니라 사상범인을 다른 보통 수인(囚人)들과 함께 수용할 때는 보통 수인들에게 위험한 사상을 선전하는 일이 많다 하여 그들을 독방에 수용하고자 하나, 현재 전 조선 26개 형무본지소(刑務本支所)의 독방(獨房)은 그 수가 적어서 도저히 수많은 사상범을 격리 수용할 수가 없고, 특별형무소(特別刑務所)를 건설함에는 현재 극도로 곤궁한 재정으로 전연 가망이 없다 하여, 당국에서는 이 처치를 목하(目下) 고려 중이라는데, 10월 초순 무렵에 5일간에 예정으로 개최될 전 조선형무소장회의에서는 이 문제를 주로 하여 토의하게 되었다더라.

– 『동아일보』 1926. 9. 18

항일 독립운동으로 수감된 이른바 '사상범'의 증가 여파는 옥사 시설 부족과 과밀 현상, 특히 이들을 감옥 내에서 격리 수용할 '독감방' 부족 문제로 이어졌다. 이는 자연스럽게 독방 시설을 갖춘 옥사의 증설이라는 화두로 제기되었다. 이 화두는 1928년에 들어서 '사상범 전문 형무소' 신설이나 '격리수(隔離囚) 특별 감방' 증설로 가닥이 잡혔다. 이 계획은 서울을 중심으로 남쪽과 북쪽, 전국을 3개 권역으로 나누어 서대문·대전·함흥 3개 지역에서 진행되었다. 세 지역을 중심으로 1930년대 일제의 식민지 운영 일선에 있어 '치안 유지'를 위반한 자에 대한 격리에 박차를 가하고자 했다.

그 목적을 위해 1928년 2월 서대문형무소에 사상범 전용 구치감 신설 계획을 수립하였고, 1930년부터 본격적으로 예산 배정에 관한 논의를 진행하였다. 신문 보도에서는 30만 원 또는 1년에 15만 원씩 총 3년간 45만 원을 배정한다는 등 시시각각 그 현황을 보도하면서 큰 관심을 보였다. 또한 전국형무소장회의에서는 전국에 있는 개별 감옥의 확장을 지양하고, 서대문형무소에 예산을 집중하여 구치감 설치에 주력하기로 했다. 이 구치감의 명칭은 '경성구치감'으로 정해졌다.

예산 배정에 따라 1931년 서대문형무소 남동 측에 있던 경성부 소유지와 은사수산장(恩賜授産場) 부지 21,031.49m^2를 매입하였고, 그해부터 각종 공사를 위한 설계 도면이 작성되었다. 1931년 말부터는 매입한 부지의 평탄화 작업과 오수 및 정화조 등 기초시설 공사가 진행되었다. 그사이 옥사 및 창고, 담장 등의 설계 도면과 각종 사양서도 작성되었다. 이 과정을 거쳐 1933년 10월 연건평 약 4,400m^2(1,320여 평), 2층 규모의 '전 조선에서 처음 생기는 대감옥'의 건축이 시작되었다. 그해 말 신문에서는 준공 예정 시기를 1934년 3월로 보도하면서 '수용 인원 800명의 경성구치감 건축 완성'이 임박했음을 알렸다. 그러나 실제 완공된 시기는 기공 후 약 1년 8개월여 후인 1935년 6월 8일이었다. 건축 규모는 2층으로 된 6개 동의 옥사에 283개의 감방이 들어섰고, 총 수용인원은

600여 명이었다. 그 가운데 242개, 86%가 독방으로 구성되었다.

일제는 이 감옥을 '난방설비를 갖춘 최신식'으로 자부하면서 1935년 6월 9일 마쓰나가(增永) 법무국장 이하 약 300명이 모인 가운데 '조선형사상(朝鮮刑史上) 일신기원(一新紀元)의 획(劃)을 긋는 근대(近代) 색풍(色豊)의 건물'이라는 자화자찬 속에 낙성식을 성대히 치렀다. 투입된 예산은 초기 42만 원이 책정되었으나 일부 삭감되어 실제 33만 8,700여 원이었다. 이로써 서대문형무소 부속의 경성구치감이 완공되었다.

이보다 앞선 1934년 11월 대전형무소에도 구치감이 신축되었다. 일제는 서대문형무소를 사상범 미결수 집중 수용 감옥으로 대전형무소를 사상범 기결수 집중 수용 감옥으로 설정하였다. 서울과 대전 양 축을 중심으로 항일 독립운동가를 집중적으로 수용함으로써 효과적인 통제를 도모하기 위한 것이었다.

구치감의 건축 구조를 통해서도 감시와 통제 기능이 철저하였음을 알 수 있다. 콘크리트로 지어진 구치감 옥사 내 감방 배치는 복도의 한쪽 면에만 위치한 편복도형 구조다. 가운데 복도를 중심으로 양쪽 면에 감방이 배치된 중복도형 구조인 기존 조적식 옥사에 반해 공간 활용도가 상당히 떨어지는 구조다. 그 이유는 복도를 사이에 두고 감방을 마주 배치하면 수감자 사이에 소통할 우려가 있어 이를 구조적으로 차단하기 위해서였다.

경성구치감은 기존 옥사와 구별되는 또 다른 특징이 보인다. 〈그림 5〉 설계도의 (2)번 예시와 같이 감방 외벽의 창문이 45도 사선으로 설치된 구조여서 시공이 매우 까다롭고, 비용이 많이 소요된다. 설계도에서 독방(2)의 위쪽 외벽 창문을 45도 사선으로 설계한 것과 달리 여러 명이

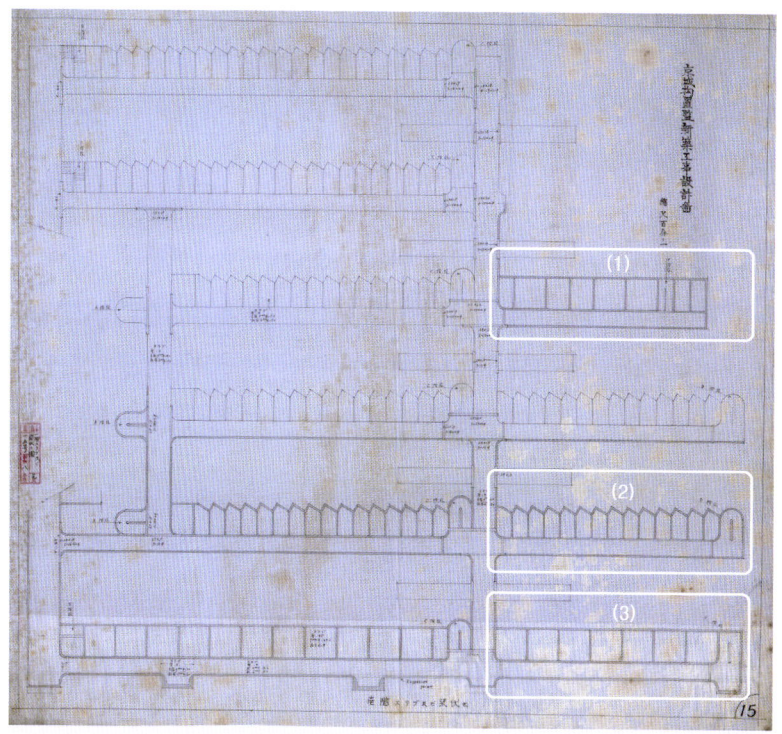

〈그림 5〉 경성구치감 신축공사 설계도(1933년). (1) 병감 (2) 독방 (3) 잡거방

- 출처: 국가기록원 소장

함께 쓰는 잡거방(3)과 환자들을 별도로 가둔 병감(1)의 창문은 평면으로 설계되었다. 독방과 여러 명이 함께 쓰는 방에 차이가 있어 독방 수감자에 대한 '감시와 통제'를 고려한 구조라는 점을 확인할 수 있다. 단순히 채광과 환기 등의 편의성을 고려했다면 잡거방(3)과 병감(1)의 창문 역시 45도 사선으로 배치되어야 하는데, 그렇지 않다. 즉 외벽 창문을 45도로 배치한 것은 수감자 사이에 맞은편 옥사와 옆방 사이의 소통 차단이 주된 목적이었다. 구치감의 건축 구조는 사상범 수용이라는 설

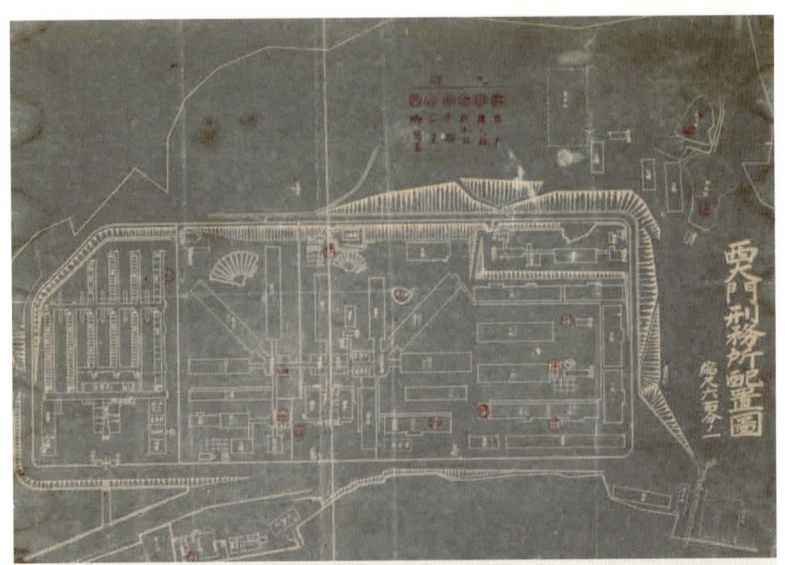

〈그림 6〉 서대문형무소 배치도(1930년대 후반)

- 출처: 최병설 소장

치 목적을 설계 단계부터 철저히 반영하여 항일 독립운동가에 대한 감시와 통제를 구조화한 결과물이었다.

경성구치감 신축 후 서대문형무소는 〈그림 6〉의 배치도와 같이 확장되었고, 강점 기간 대표적인 감옥 시설로 운영되었다. 도면의 왼쪽 부분에 위아래 길게 뻗은 6개 동의 옥사와 하단의 청사로 구성된 것이 경성구치감이다.

III
항일 독립운동, 사상범의 굴레

7
사상범이 된 독립운동가

　일제강점기 반제투쟁이나 식민 지배를 거부하는 사상적 이념을 가지고 정치적 행위를 하고, 직접적 행동을 하다가 체포되어 기소된 사람에 대해 일제는 이른바 '사상범(思想犯)'이라 칭하면서 범죄자 취급을 하였다. 그들이 규정한 사상범의 범주는 「사상범자행장시찰규정(思想犯者品行視察規定)(1934. 5. 25)」에 다음과 같이 설정하였다.

① 형법 제2편 제1장, 제2장의 죄
② 치안유지법 위반의 죄
③ 노동운동 및 노동쟁의에 기반한 범죄
④ 농민운동 및 소작쟁의에 기반한 범죄
⑤ 반동운동에 기반한 범죄(폭력행위 등 처벌에 관한 법률 위반 사건의 경우)
⑥ 폭발물취체벌칙 위반의 죄

⑦ 대정(大正) 8년 제령 제7호 위반(정치에 관한 범죄 처벌의 건), 보안법 위반, 보안규칙 위반
⑧ 출판범죄[조헌(朝憲)문란, 질서문란, 존엄 모독에 인한 것]
⑨ 기타 사상에 기반한 범죄

- 서대문형무소직원교우회, 1939,
『서대문형무소예규류찬(西大門刑務所例規類纂)』, 156~157쪽

이 가운데 형법 제2편 제1장은 일본 황실에 대한 죄이고, 제2장은 내란죄에 해당한다. 사상범에게 가장 광범위하게 적용되었던 법률은 치안유지법이다. 치안유지법은 다음과 같이 총 7개 조문으로 구성되었다.

치안유지법(법률 제46호)

제정: 1925. 4. 21
시행: 1925. 5. 12

제1조 ① 국체(國體)를 변혁하거나 사유재산제도를 부인하는 것을 목적으로 결사를 조직하거나 이에 가입한 자는 10년 이하의 징역 또는 금고에 처한다.
② 전 항의 미수죄는 벌한다.
제2조 전 조 제1항의 목적으로 그 목적이 되는 사항의 실행에 관하여 협의를 한 자는 7년 이하의 징역 또는 금고에 처한다.
제3조 제1조 제1항의 목적으로 그 목적이 되는 사항의 실행을 선동한 자는 7년 이하의 징역 또는 금고에 처한다.

제4조 제1조 제1항의 목적으로 소요·폭행 기타 생명·신체 또는 재산에 해를 가할 수 있는 범죄를 선동한 자는 10년 이하의 징역 또는 금고에 처한다.

제5조 제1조 제1항 및 전 3조의 죄를 범하게 할 것을 목적으로 하여 금품 기타의 재산상의 이익을 공여하거나 그 신청 또는 약속을 한 자는 5년 이하의 징역 또는 금고에 처한다. 공여를 받거나 그 요구 또는 약속을 한 자도 같다.

제6조 전 5조의 죄를 범한 자가 자수한 때에는 그 형을 감경 또는 면제한다.

제7조 이 법은 이 법의 시행 구역 외에서 죄를 범한 자에게도 적용한다.

부칙〈제46호 1925. 4. 21〉
1923년 칙령 제403호는 폐지한다.

제1조에서 제기한 '국체(國體)'는 식민체제 아래에서 식민지 지배 질서를 뜻한다. '사유재산제도의 부인'은 공산주의 사상을 뜻한다. 공산주의에 기반하여 단체를 만들거나 가입하면 처벌한다는 내용이다. 처벌의 수위는 최고 징역 10년이었다. 제7조의 조문도 주목해야 한다. 치안유지법이 적용되는 일본과 한국 사람이 다른 나라에서 이 법에 위배되는 행위를 할 경우에도 적용한다고 규정하였다. 즉 한국인이 다른 나라에서 일제의 식민 지배에 반하는 행위를 했을 때는 지역과 국가를 불문하고 처벌하겠다는 의지다.

이 조문에 의해 실제 중국 등지에서 독립운동을 하다가 일본영사관 경찰에 체포되어 한국으로 송환·투옥되는 사례가 빈번하였다. 대표적으로 중국 상하이에서 활동하다가 체포 후 국내로 압송되어 투옥된 안창호, 여운형 등의 사례가 있다.

여기에 그치지 않고 일제는 1928년 6월 치안유지법을 다음과 같이 개정하였다.

치안유지법

개정: 1928. 6. 29

치안유지법을 다음과 같이 개정한다.(칙령 제129호)
제1조 ① 국체를 변혁하는 것을 목적으로 결사를 조직한 자 또는 결사의 역원(役員), 기타 지도자의 임무에 종사한 자는 사형 또는 무기 혹은 5년 이상의 징역 또는 금고에 처하고, 사정을 알고 결사에 가입한 자 또는 결사의 목적 수행을 위한 행위를 한 자는 2년 이상의 유기 징역 또는 금고에 처한다.
② 사유재산제도를 부인하는 것을 목적으로 결사를 조직한 자, 결사에 가입한 자, 또는 결사의 목적 수행을 위한 행위를 한 자는 10년 이하의 징역 또는 금고에 처한다.

(이하 생략)

개정된 치안유지법 제1조에서는 기존 같은 항에 있던 '국제 변혁'과 '사유재산제도 부인'을 각각 1항과 2항으로 분리하였다. 그리고 최고 구형을 전자는 사형, 후자는 10년으로 규정하였다. 이렇게 개정한 이유는

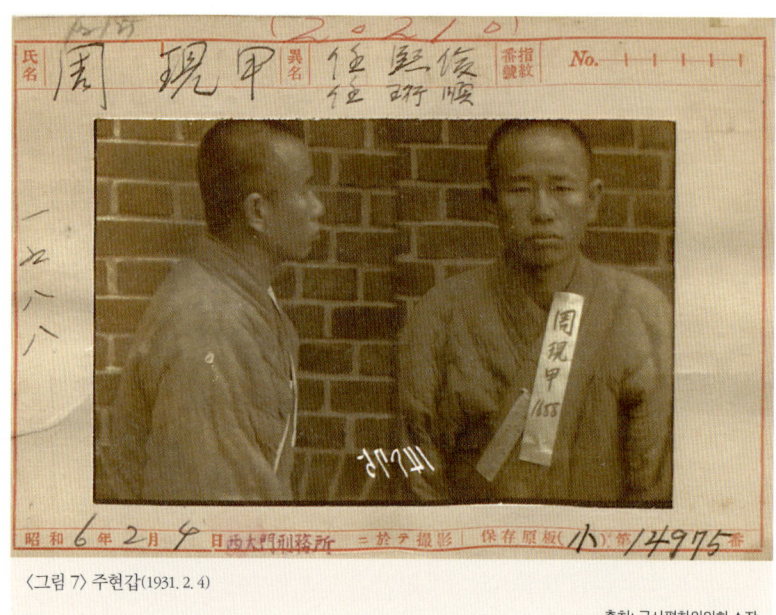

〈그림 7〉 주현갑(1931. 2. 4)

- 출처: 국사편찬위원회 소장

'국체 변혁을 목적으로 결사를 조직'하거나 그 결사에 가담한 자와 지도자를 사형에 처할 수 있도록 구형 기준을 높이기 위해서였다. 다만, 사상 문제로 사형까지 구형하는 것은 쉽지 않은 일이었다.

그러나 한국에서는 실제로 적용되어 사형이 집행된 경우가 있다. 간도 지역에서 항일 무력투쟁을 전개하다가 1931년 서대문형무소에 수용된 〈그림 7〉의 주현갑(周現甲)에게 이 개정 치안유지법 단일 법률만으로 1933년 사형이 선고되었다. 급기야 1936년 7월 21일 사형이 집행되었다. 치안유지법 위반 단일 죄명만으로 사형이 집행된 사례는 일본 본토는 물론 같은 식민 지배를 받았던 대만에서조차 없었던 일이었다. 오로지 한국에서만 유일하게 보이는 경우로 일제의 사상범 탄압이 극에 달했음을 보여주는 대표적 사례다.

  일본에서 공산주의자를 탄압하기 위해 만들어진 이 법률이 한국에 발효되면서 공산주의 계열뿐만 아니라 민족주의자 계열, 아나키스트 계열 등이 전개한 모든 반제·항일·독립 운동에 적용되었다. 그러므로 이들은 일반 형사법률을 위반한 범죄자가 아니었다. 반제·반일의 사상적 기조하에 일제의 식민 통치를 벗어나고자 하는 정치적 행위를 한 경우다. 즉 항일운동, 독립운동, 반제투쟁 등을 의미한다. 이들에게 주로 치안유지법이 적용되어 사상범이라는 굴레가 덮어졌다. 이에 따라 1920년대 중반 이후 사상범 수감자가 양산되었고, 그 결과는 1930년대 수감 인원의 증가로 이어졌다.

8
수형기록카드 실제

　일제강점기 수감자에 관한 주요 기록은 판결문과 수형인명부, 집행원부, 형사사건부 등과 수형기록카드가 있다. 판결문은 국가기록원에 소장되어 있으며, 19,167건이 데이터베이스화되어 제공되고 있다. 수형인명부 11,890건, 집행원부 10,706건, 형사사건부 22,144건도 있으나 표제만 간략히 제공되고 있다.
　수형기록카드는 주로 사상범에 관한 기록으로 사진과 수형 정보가 기재되어 수감자의 신상을 밝히는 중요한 자료다. '일제감시대상인물카드'라는 명칭으로 국사편찬위원회에 총 6,264장이 소장되어 있다. 그런데 이것은 '수형기록카드'라는 명칭이 더 어울린다. 그 이유는 카드 뒷면에 '수형사항(受刑事項)'이라는 항목으로 관련 정보들이 상세하게 기록되어 있기 때문이다. 카드의 주요 내용이 곧 수감자에 대한 '수형기록'인 것이다. 이에 '수형기록카드'로 명명하는 편이 이 기록의 성격을 선명하게 드러낼 수 있다.

카드의 규격은 가로 15cm, 세로 10cm로 앞면에는 수감자의 상반신 사진이, 뒷면에는 성명, 나이, 신분, 본적, 태어난 곳, 주소지 등의 신상(身上) 정보와 죄명, 형명과 형기, 언도관서, 언도연월일, 입소연월일, 출소연월일, 형무소명 등의 수형(受刑) 정보가 있다. 작성된 시기에 따라 성명과 신장, 지문번호 등이 앞면에 있는 경우와 세로쓰기로 되어 있는 경우 등 기재 항목이 조금씩 달라 총 4가지 양식 유형이 있으나 대체로 〈표 2〉와 같이 27가지 내외의 정보를 확인할 수 있다.

〈표 2〉 수형기록카드 기재 내용

〈앞면〉

1. 사진 촬영 연월일: 대정(大正) 또는 소화(昭和) ○○년 ○○월 ○○일
2. 사진촬영장소: ○○○○○○에서 촬영
   - 경찰서일 때: 종로서, 동대문서, 형사과 등
   - 감옥일 때: 서대문형무소, 경성형무소 등
3. 보존원판(保存原板)번호: 소(小) 또는 중(中)으로 구분
제○○○○○번
4. 사진: 경찰서에서 찍은 경우와 형무소에서 찍은 경우가 있음
   - 정면 1컷, 측면 1컷 총 2컷인 경우
   - 정면 1컷만 있는 경우
   - 사진이 부착되지 않은 경우가 있음

〈뒷면〉

인적사항	1. 씨명(氏名): 성명 ■ 1940년대 이후에는 창씨개명도 기재 2. 이명(異名): 본명 이외의 성명 3. 지문번호(指紋番號): 왼쪽 5개, 오른쪽 5개 총 10개의 번호 4. 연령(年齡): 명치(明治) 또는 대정(大正) 또는 소화(昭和) ○○년 ○○월 ○○일 5. 수구번호(手口番號, 범죄수법번호): 범죄의 수법을 유형화한 번호 기재

인 적 사 항	6. 신분(身分): 양반 또는 상민으로 기재 7. 직업(職業): 수감 당시 직업 기재 　■ 농업, 학생, 여급, 여공, 간호부, 교원 등 8. 신장(身長): ○척(尺) ○촌(村) ○분(分) 　■ ○○○.○미(米: 미터) 9. 특징번호(特徵番號): 수감자 특징을 유형화한 번호 기재 10. 본적(本籍): ○○현(縣) ○○시(市) ○○정(町) ○○촌(村) 　■ ○○○○도(道) ○○군(郡) ○○면(面) ○○리(里) 11. 생지(生地, 태어난 곳): 위와 같음 12. 거주(住居, 거주지): 위와 같음
수 형 사 항 - 최 근 형 / 처 분 결 과	13. 죄명(罪名): 기소된 죄명, 위반한 법률명 기재. 14. 형기형명(刑名刑期): 징역 ○○년 ○○월 ○○일 　금고 ○○년 ○○월 ○○일 15. 언도관서(言渡官署): ○○○○법원 16. 언도연월일(言渡年月日): ○○년 ○○월 ○○일 17. 입소연월일(入所年月日): ○○년 ○○월 ○○일 18. 출소연월일(出所年月日): ○○년 ○○월 ○○일 19. 형무소명(刑務所名): 수감 형무소 기재 20. 검거관서(檢擧官署): ○○○○도(道) ○○경찰서(警察署)
비 고	21. 기타전과(其他前科): 이전의 전과 경력 기재 22. 검거(檢擧): 검거 일자 기재 23. 상용수구개요(常用手口槪要, 범죄 수법 개요): 주요 관계자, 사상적 특징, 범죄 혐의 등 기재

사진은 상반신 정면과 측면 두 컷이 있는 것과 정면 한 컷만 붙여진 경우가 있다. 대상자가 체포되어 조사받는 시점에 경찰서에서 1차로, 이후 기소되어 구속된 시점에 감옥에서 2차로 촬영되었다. 경찰서에서 찍은 사진은 체포 당시 평상복 차림의 모습이며 감옥에서 찍은 사진은 수인복을 입고 머리는 삭발당한 차림이다. 사진 하단에는 촬영 일자와 장소, 사진 보존 원판 번호가 기재되었다.

보존 원판 번호는 연번으로 매겨져 있다. 당시 사진은 필름이 아닌 유

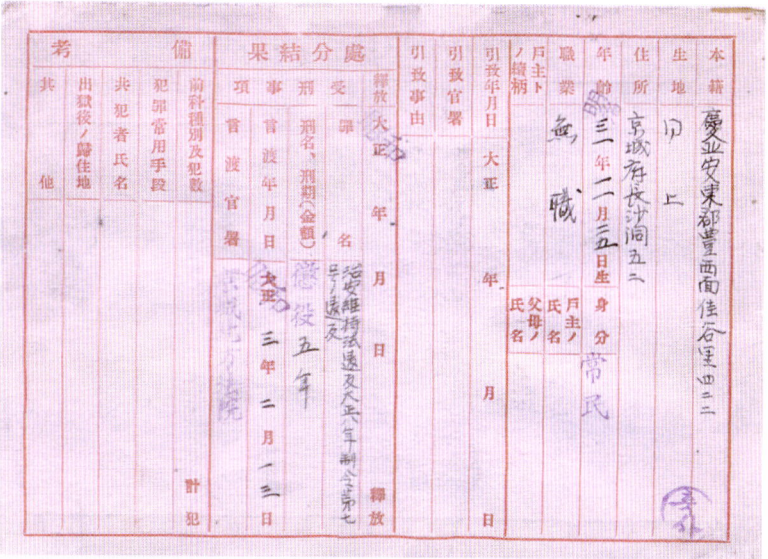

〈그림 8〉 수형기록카드(기결)-권오설(1928. 2. 17)

- 출처: 국사편찬위원회 소장

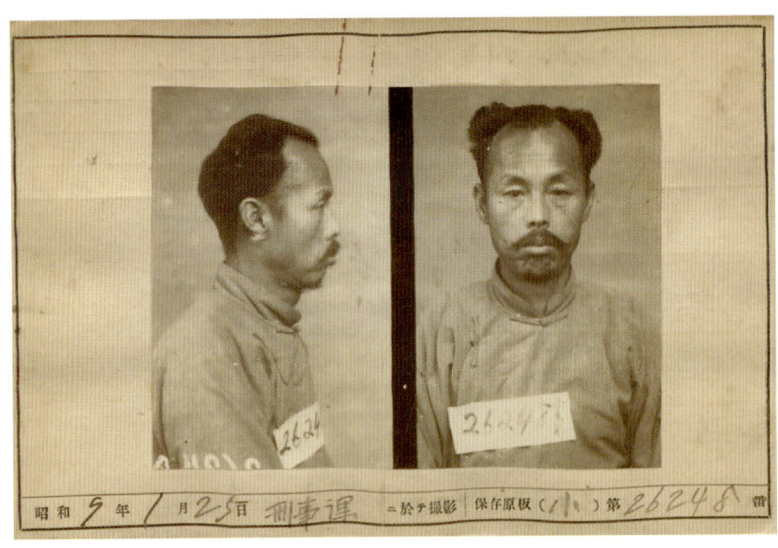

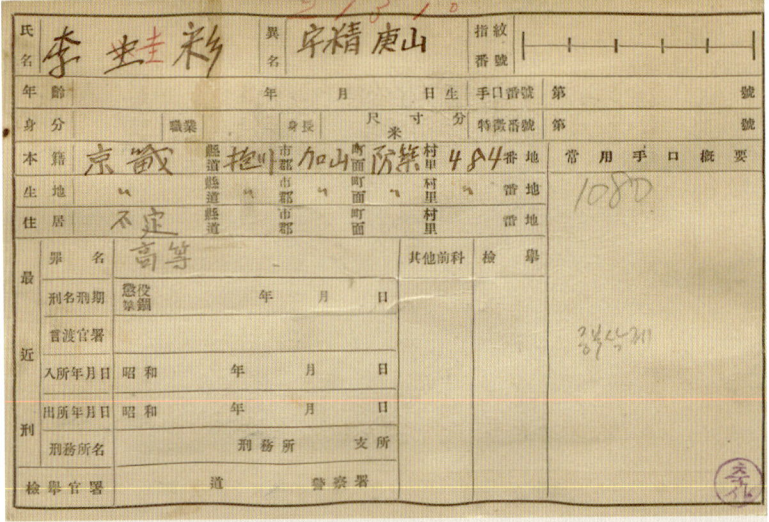

〈그림 9〉 수형기록카드(미결)-이규채(1934. 1. 25)

- 출처: 국사편찬위원회 소장

리 원판을 사용하여 찍었기 때문에 그 원판에 일련번호를 매겼다. 보존 원판은 소형과 중형 두 종류가 있어 각각 소(小)·중(中)으로 구분했으나 번호는 중복되지 않고 촬영한 순서대로 부여하였다. 남아있는 카드 가운데 가장 마지막 번호는 65,193번이다. 일제강점기 최소한 65,193장 이상의 카드가 작성됐다고 보아도 무방하다. 보존된 6,264장은 그 일부이다.

미결(未決)과 기결(旣決)인 경우 항목별 실제 기재 내용에 차이가 있다. 미결수일 때 형의 종류와 형량이 확정되기 이전이므로 죄명까지만 기재하고 이하 형명·형기, 언도관서, 언도연월일 등 세부 사항은 기재하지 않았다. 기결수일 때는 거의 모든 항목이 기재되었다.

수형기록카드에 기재된 인물은 사상범 규정에 명시된 죄목으로 수감되었던 사람들이 대부분이다. 즉 이 카드는 일제가 구축하려 했던 식민지 질서를 무너뜨리려는 사람들에 대한 증거 자료다. 이러한 역사적 의미와 가치를 인정받아 지난 2018년 10월 1일 수형기록카드 6,264장이 '일제감시대상 인물카드'라는 명칭으로 일괄 국가등록문화재로 지정되었다.

9
수형 기록으로 보는 사상범

 1925년 5월부터 시행된 치안유지법은 1920년대 중후반부터 효과를 보이기 시작하였다. 이 시기부터 사상범이 증가하였고, 1930년대에는 폭증했다. 일제는 사상범을 일반 범죄자와 별도로 격리 수용하려는 목적으로 경성구치감 등 사상범 전용 감옥을 신설하였다. 그것이 완공된 후 〈표 3〉과 같이 1937년 12월 전국 28개 감옥의 수감 인원은 총 19,358명에 육박하였다.

〈표 3〉 1937년 전국 감옥 수감 인원   (단위: 명)

연번	형무소	남자	여자	합계
1	경성형무소	965	-	965
2	서대문형무소	2,484	186	2,670
3	춘천지소	325	3	328

연번	형무소	남자	여자	합계
4	공주형무소	654	71	725
5	청주지소	300	4	304
6	대전형무소	1,102	-	1,102
7	함흥형무소	1,036	30	1,066
8	원산지소	417	3	420
9	청진형무소	859	23	882
10	평양형무소	1,069	103	1,172
11	진남포지소	128	1	129
12	금산포지소	145	-	145
13	신의주형무소	1,066	24	1,090
14	해주형무소	530	8	538
15	서흥지소	152	-	152
16	대구형무소	1,197	57	1,254
17	안동지소	208	-	208
18	부산형무소	976	10	986
19	마산지소	268	1	269
20	진주지소	319	6	325
21	광주형무소	815	53	868
22	소록도지소	40	2	42
23	목포형무소	555	10	565
24	전주형무소	603	8	611
25	군산지소	556	8	564
26	인천소년형무소	487	-	487
27	개성소년형무소	752	-	752
28	김천소년형무소	737	2	739
총계		18,745	613	19,358

출처: 조선총독부, 1939, 『조선총독부통계연보(1937년)』, 360~363쪽.

서울 지역의 경우 미결수로 서대문형무소 구치감에 수감되었다가 최종 판결에서 10년 이상의 징역형이 확정되면 서울 마포 공덕동의 경성형무소와 대전 중촌동의 대전형무소로 이감되었다. 18세 미만의 소년이나 형기 1년 미만은 재판받은 지역의 감옥에, 형기 1년 이상은 인천소년형무소, 개성소년형무소, 김천소년형무소에 수용되었다. 수감자 가운데 한센병 환자는 광주형무소 소록도지소, 불구와 노쇠자는 부산형무소 마산지소, 심신 미약자는 공주형무소로 각각 이송, 수감되었다.

이 가운데 6,264장의 수형기록카드가 남아 있고, 나이를 파악할 수 있는 인원은 4,377명이다. 나이를 분석하여 연령대별 분포 현황을 살펴보면 〈표 4〉와 같다.

〈표 4〉 수형기록카드 수감자 연령대

구분	10대	20대	30대	40대	50대	60대	70대	합계
인원(명)	462	2,517	870	332	152	42	2	4,377
비율(%)	10.56	57.50	19.87	7.59	3.47	0.96	0.05	100

분석 결과 10~70대까지 전 연령층에서 투옥된 사실이 확인된다. 실형을 선고받은 가장 어린 나이는 15세로, 수감되었던 인물은 국중일(鞠重日), 김동철(金東哲), 김성재(金成才), 김승기(金陞基), 성낙응(成樂鷹), 소은명(邵恩明), 손흥복(孫興福), 왕종순(王宗順), 이종호(李鍾浩), 임갑득(林甲得), 임순득(任淳得) 등 11명이 확인된다. 죄명은 치안유지법 위반 5명, 보안법 위반 5명, 출판법 위반 1명이다. 형량은 징역 6월 형이 4명, 8월 형 1명, 1년 형 2명, 1년 6월 형 1명, 나머지 3명은 미상이다. 이 중

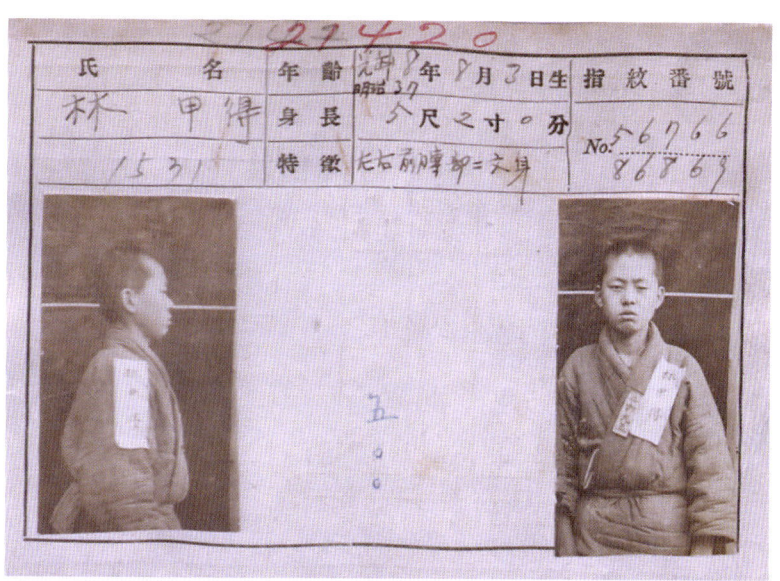

〈그림 10〉 임갑득(1919년 후반)

- 출처: 국사편찬위원회 소장

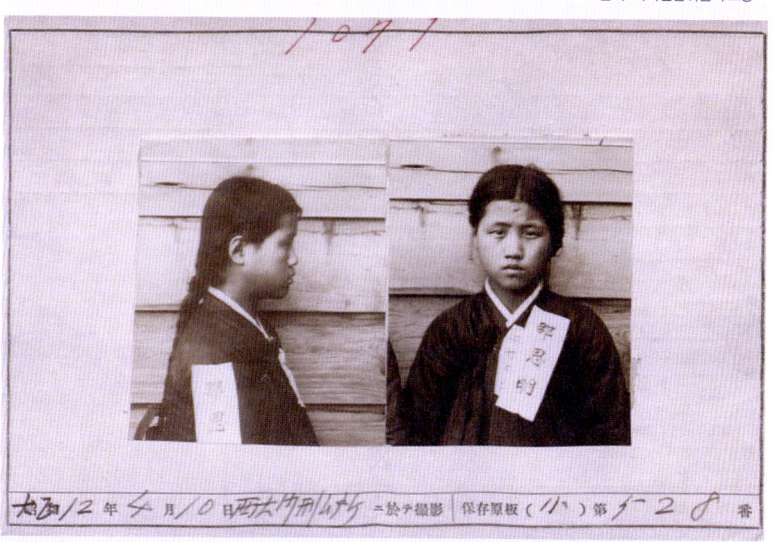

〈그림 11〉 소은명(1920. 4. 10)

- 출처: 국사편찬위원회 소장

9. 수형 기록으로 보는 사상범 · 57

여성도 4명이 있다. 김성재와 소은명, 왕종순은 1920년 3월 1일 배화여학교에서 3·1운동 1주년을 기념한 만세운동으로 체포되었다. 임순득은 명확한 행적이 확인되지 않았으나 학생 신분으로 1931년 수감되었다. 15세 여성 4명은 모두 학생 신분이었다. 남성 역시 1919년 3·1운동으로 체포되었을 당시 여관조합 급사로 일하고 있던 임갑득을 제외한 6명이 모두 학생 신분이었다. 15세의 어린 학생 신분으로 분연히 일제에 맞섰음을 알 수 있다.

수감자 중 가장 고령인 인물은 박원길(朴元吉)이다. 1870년생으로 1940년 12월경 체포되어 1942년 2월 26일 보안법 위반과 사기의 죄명으로 징역 2년을 선고받고 서대문형무소에서 옥고를 치렀다. 체포되었을 당시 70세이고 판결을 받았을 때는 72세였다. 1년 3개월가량 미결수

〈그림 12〉 박원길(1940. 12. 21)

- 출처: 국사편찬위원회 소장

로 있었다. 그의 행적이 확인되지 않으나 보안법 위반의 죄명으로 실형을 선고받은 것으로 볼 때, 반일(反日)에 해당하는 어떠한 '정치적' 행동이 있었을 것으로 추정된다.

10~70대 중 가장 많은 분포의 연령대는 20대다. 분석 대상군에서 57.5%를 차지한다. 다음으로 30대(19.87%), 10대(10.56%), 40대(7.59%), 50대(3.47%), 60대(1.01%) 순이다. 이 수치를 통해 20대 청년들이 주축이 되어 식민지 현실을 자각하고 일제에 저항하였던 사실을 알 수 있다. 사회변혁의 계층이 20대가 중심이었다는 것이다. 30대도 20%에 가까운 비중을 차지하고 있어 청장년층 역시 독립운동에 활발히 나섰음을 확인할 수 있다.

주목할 것은 10대와 50대 이상의 참여다. 일제에 대한 저항이 전 연령층에서 일어났으며, 특히 10대와 50대 이상 고령층의 참여는 일제가 지배하는 식민지 사회가 평범한 이들의 일상조차 보장하지 않았음을 말해 주고 있다. 이렇게 일제는 식민지 지배에 순응하지 않거나 저항하는 자들이라면 남녀노소, 계층을 가리지 않고 어김없이 처벌 일변도로 일관하였다. 그들을 사회와 격리하는 감옥은 식민지 체제 유지를 위한 강력한 통제장치 역할을 하였다.

그렇다면 이들에게 어떤 죄명으로 얼마의 형량이 선고되었는가?

수형기록카드에 기재된 인물 가운데 죄명이 확인되는 사람은 4,630명이다. 이들에게 적용되었던 죄명은 총 38종에 달한다. 두 가지 이상의 죄명이 병합된 경우도 다수 있어 맨 앞에 적시된 죄명을 기준으로 죄명별 적용 인원을 살펴보면 〈표 5〉와 같다.

<표 5> 수형기록카드 죄명별 인원

구분	죄명	인원(명)
사상범죄	치안유지법 위반	2,745
	보안법 위반	1,171
	소요	75
	출판법 위반	47
	폭력행위 처벌에 관한 법 위반	3
	폭발물 취체법 위반	6
	불경	7
	대정 8년 제령 7호 위반	7
	안녕질서에 관한 법 위반	1
	소계	4,062
동원령 위반	국가총동원법 위반	479
	육군 형법 위반	11
	군기보호법 위반	7
	소계	497
강도, 살인	강도	20
	살인	12
기타	공갈	2
	기차 파괴	1
	문서위조	1
	방화	5
	배임	1
	사기	4
	삼림법 위반	1
	상습 누범 절도	1
	상해	2
	전신법 위반	1

구분	죄명	인원(명)
기타	절도	4
	주거침입	8
	총포·화약류 취체법 위반	3
	취체령	1
	협박	2
	횡령	2
	소계	71
합계		4,630

치안유지법 위반(2,745명)이 가장 많았으며, 보안법 위반(1,171명), 국가총동원법 위반(479명), 소요(75명), 출판법 위반(47명), 강도(20명), 살인(12명) 순으로 분포한다.

위 죄명 중 사상범에 해당하는 법률은 치안유지법, 보안법, 소요, 출판법, 폭력행위 처벌에 관한 법, 폭발물 취체법, 불경(不敬), 대정 8년 제령 7호, 안녕질서에 관한 법이다. 이 아홉 가지 법률 위반 인원이 4,062명이다. 4,630명 가운데 88%를 차지하고 있다. 사상범죄를 제외한 인원 중 497명이 국가총동원법 위반과 육군 형법 위반, 군기보호법 위반으로 일반 형사 범죄자가 아니었다. 그 나머지 71명도 강도, 살인, 공갈 등의 죄목이 붙었으나, 그 가운데에서 치안유지법과 보안법, 국가총동원법 위반의 죄목이 병합된 51명을 제외하면 실제 형사법률 위반 범죄자는 18명뿐이다. 일제강점기 사상범에 대한 감시와 통제가 식민지 운영에 있어 매우 중요한 일이었음을 상기시켜 주는 수치다.

형량 중 가장 극형은 사형이었다. 수형기록카드에는 사형이 기재되지 않아 위 통계에는 포함하지 않았으나, 최근 서대문형무소 사형 집행에 관한 연구가 이루어져 일제강점기 사형 집행 건수가 밝혀졌다. 사형은 복심법원이 소재한 지역의 형무소에서 집행하였다. 일제강점기 복심법원은 서울, 대구, 평양에 있었으므로 각각 서대문형무소, 대구형무소, 평양형무소에서 집행하였다. 관련 연구에 의하면 1908년부터 1945년 8월 사이 감옥별 최소 집행 인원은 서대문형무소 493명, 대구형무소 413명, 평양형무소 422명 이상이었다.

다만 사형당한 이들이 모두 항일 독립운동가라고 할 수는 없다. 서대문형무소의 경우 493명 가운데 92명이 독립유공자로 서훈을 받아 독립운동가임이 명확히 밝혀졌다. 더불어 서훈에 미치지는 못했으나 사상범으로 사형당한 숫자까지 합산하면 136명 이상이 항일 활동으로 사형당했다.

대표적인 사례로 의병전쟁을 전개한 이강년(李康年)·허위(許蔿)·이인영(李麟榮)·이은찬(李殷瓚), 의열투쟁을 전개한 강우규(姜宇奎)·채기중(蔡基中)·송학선(宋學先), 만주에서 군자금을 탈취한 임국정(林國楨)·윤준희(尹俊熙)·한상호(韓相浩), 독립운동 단체나 군정부에서 활동한 김도원(金道源)·이수흥(李壽興)·유택수(柳澤秀)·이제우(李濟宇), 중국에서 친일파를 처단한 엄순봉(嚴舜奉) 등이 있다.

중국 간도 지역에서 무력 항일투쟁을 전개하다가 체포되어 사형을 선고받고 형장의 이슬로 사라진 일도 있다. 일명 간도공산당사건의 사형수 18명이 1936년 7월 21일과 22일, 이틀에 걸쳐 각각 9명씩 연속으로 사형당했다. 7월 21일에는 주현갑·이동선(李東鮮)·박익섭(朴翼燮)·김광묵(金光默)·김동필(金東弼)·유태순(劉泰順)·고하경(高河鯨)·김응

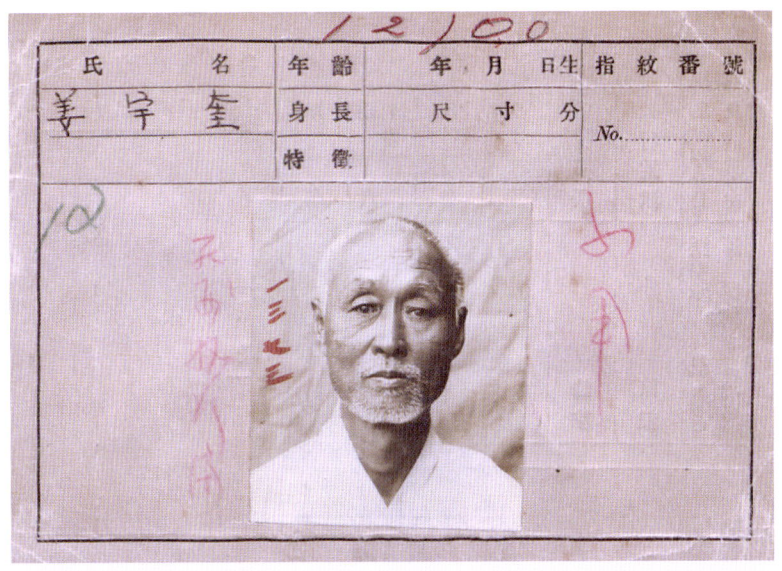

〈그림 13〉 강우규(1920년 추정)

- 출처: 국사편찬위원회 소장

수(金應水)·김봉돌(金鳳乭), 7월 22일에는 박금철(朴金哲)·권태산(權泰山)·조동율(曹東律)·김용진(金龍震)·박동필(朴東弼)·이종립(李鍾立)·노창호(盧昌浩)·민창식(閔昌植)·지연호(池蓮浩)가 사형당했다. 이들 가운데 수형기록카드가 남아 있는 인물은 주현갑·이동선·고하경·김응수·권태산·민창식 6명이다. 그러나 이 역시 미결카드로 '형명과 형기' 칸에 아무것도 기재되어 있지 않아 카드의 기록만으로는 사형 사실을 알 수 없다. 반면 그들과 같이 사형을 선고받았으나 1936년 무기징역으로 감해져 사형을 면한 김금남(金今南)의 카드에는 '무기(無期)'로 기재되어 있다.

무기형의 기록은 김금남·김창균(金昌均, 이명 김삼후)·김여중(金麗

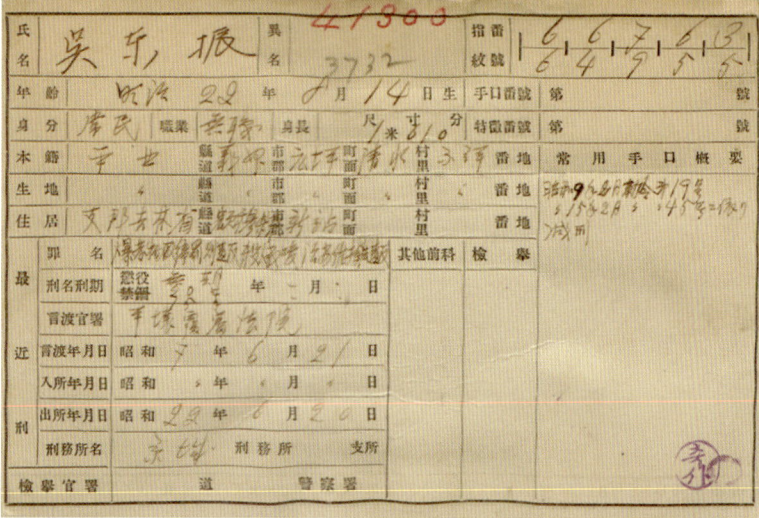

〈그림 14〉 오동진(1939. 3)

– 출처: 국사편찬위원회 소장

重) · 김화순(金和順) · 나광열(羅光烈) · 문갑송(文甲松) · 박금철(朴金喆, 이명 박시성) · 박기춘(朴基春) · 서인홍(徐仁弘) · 오동규(吳東奎) · 오동진(吳東振) · 우종구(禹鍾九) · 윤영배(尹永配) · 윤철환(尹哲煥) · 이광형(李光衡) · 이서현(李瑞賢) · 이용담(李龍淡) · 이용술(李龍述, 이명 이경봉) · 장관청(張官淸)과 장하청(張河淸) 형제 · 허윤진(許玧珍) · 차병철(車柄喆) · 정이형(鄭伊衡, 이명 정원흠) 24명이 있다. 이들은 일본 밀정 처단(장관청 · 장하청), 반제동맹 및 통의부(오동진 · 오동규 · 정원흠 · 이용담), 간도공산당 사건(김금남 · 이광형) 등으로 무기형을 선고받았다. 이 가운데 방화, 살인, 강도 등의 죄명도 있다.

그러나 일제가 재단한 죄명일 뿐 그 활동은 밀정 처단, 일본 관헌 처단, 주재소 습격 및 소각 등 항일 독립운동이었다. 단, 위 사람들 가운데 김화순은 독립운동과 무관한 단순 살인이었다.

다음으로 20년형의 기록이 6명 보인다. 김승엽(金承燁) · 김이섭(金利燮) · 김진성(金振聲) · 안국형(安國亨) · 이문홍(李文弘) · 채수철(蔡洙轍)이다. 모두 치안유지법을 위반한 혐의로 수감되었다. 정의부(김승엽 · 김이섭), 홍남적색노조사건(이문홍), 영흥농민조합운동(채수철), 통의부(안국형), 일본 밀정 처단(김진성) 등의 활동을 하였다. 이 가운데 안국형은 1심에서 15년형을 받았으나 2심에서 20년형을 받아 5년이 가중된 경우다. 그의 죄명은 총 6가지로 '치안유지법 위반, 강도, 강도 미수, 살인, 살인 예비, 주거침입'이다. 일제로서는 활발한 독립운동의 활약상을 강도나 살인, 주거침입 등의 반사회적 행위로 인식한 것이다.

형량별 수감 인원의 분포 현황은 〈표 6〉과 같다. 카드에서 형량을 확인할 수 있는 2,796명 가운데 집계한 형량 중 무기징역 25명, 10년 이상의 장기형은 101명이 보인다. 다음으로 5~9년 사이의 형량이 196명, 1~4년 사이의 형량이 1,472명이다. 1년 이하는 916명으로 나타난다.

〈표 6〉 수형기록카드 형량별 인원

형량	무기	20년	18년	15년	14~10년	9~6년	5년	4년	합계
인원(명)	25	6	1	25	69	100	96	118	440
비율(%)	0.89	0.21	0.04	0.89	2.47	3.58	3.43	4.22	15.73

형량	3년	2년	1년 11개월~1년 6개월	1년 5개월~1년	11~7개월	6개월	6개월 미만	기타	합계
인원(명)	186	461	245	462	442	341	133	86	2,356
비율(%)	6.65	16.49	8.76	16.52	15.81	12.20	4.76	3.08	84.27

인원 합계: 2,796명 / 비율: 100%

　이 중 가장 많은 분포를 보이는 형량은 6개월형으로 341명, 12.2%이다. 전반적으로 1~4년 사이의 형량이 1,472명으로 절반 이상인 52.65%를 보인다. 이외 미결 단계의 카드로 형량이 기재되지 않은 인물 가운데 판결문 확인 결과 높은 형량이 확인된 인물도 있다. 경기도 화성시 송산면 사강리에서 1919년 3월 26일과 28일 만세운동을 주도한 홍준옥(洪晙玉)·문상익(文相翊)·왕광연(王光演)은 징역 12년형을 선고받았다. 이들은 일본인 순사부장 노구치 고조(野口廣三)를 처단하여 중형을 받았다. 이어 징역 10년형에 김명제(金命濟), 7년형에 김교창(金敎昌)·민용운(閔龍雲)·전도선(全道善)·홍관후(洪寬厚)·차경현(車敬炫)·홍명선(洪明善)·황칠성(黃七星), 6년형에 오광득(吳光得)·이윤식(李潤植)·최춘보(崔春甫)가 있다. 이렇게 카드에는 형량이 기재되지 않았지만 실제로 중형을 선고받은 사람들이 다수 있을 것으로 추정된다.

　사상범에게 선고된 형량을 볼 때 식민지 체제를 반대하고 항일 전선에 나섰던 '죄'에 대한 처벌이 결코 가볍지 않았음을 확인할 수 있다. 일제는 이들을 매우 엄중하게 처벌하면서 식민지를 공고히 해 나가고자 한 것이다.

IV 식민지 감옥의 일상

10

통제된 일상, 의식주

　일제 경찰에 체포되면 해당 지역 관할 경찰서에 유치되어 조사받게 된다. 사안에 따라 간단히 끝날 수도, 혹은 기약 없이 길어질 수도 있다. 조사가 끝나고 검찰 송치가 결정되면 해당 지역 관할 감옥으로 이송되어 투옥되었다. 이때부터 감옥은 수감자에게 생활 공간이자 삶을 버텨내야 하는 공간이었다. 이 공간 안에서 일제가 정해 놓은 규율에 맞추어 지내야 했다. 좁디좁은 감방에서 늘 추위와 더위, 배고픔과 질병에 시달렸다. 식민지 감옥에서는 의식주(衣食住), 일상 자체가 사상과 신념을 버리도록 강요받는 고통의 연속이었다.
　경찰서에서 감옥으로 신변이 인계되는 순간 수감자의 일상은 감옥의 통제에 놓이게 된다. 일단 입고 있던 옷을 벗고 수인복으로 갈아입었다. 서대문형무소의 경우 조사실에서 옷을 벗기고 점이나 흉터, 수술 자국 등 온몸의 흔적을 확인했다. 이때 〈그림 15〉의 '인상 및 특징표'를 작성

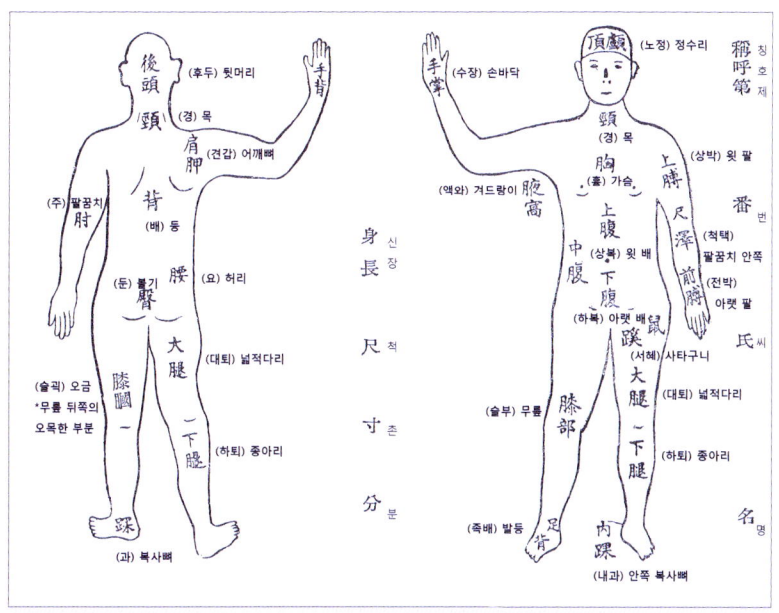

〈그림 15〉 인상 및 특징표

- 출처: 서대문형무소직원교우회, 1939, 『서대문형무소예규류찬』, 5쪽

하여 온몸의 특징을 기록하였다. 같이 입감하는 사람이 많으면 모두 꿇어앉히고, 한 사람씩 불러내어 조사한 후 소독수를 온몸에 뿌렸다. 이후 수인복을 입힌 후 각 감방에 나누어 수용했다.

감옥에서 지급한 수인복은 〈그림 16〉과 같이 긴 일자형이었다. 허리 부분에 끈을 둘러 몸에 밀착시켰고, 허리 부분을 접거나 펴서 각자의 키에 맞도록 길이를 조절하였다. 이것을 일본의 전통 겉옷을 일컫는 '하오리'라고 부르기도 했다. 옷감은 면포(綿布)이고, 여름에는 단상의(單常衣)인 홑옷, 겨울에는 겹상의(袷常衣)인 겹옷이 지급되었다. 혹독한 겨울철 추위를 막아 줄 방한복은 없었다. 다만 두 겹의 옷 사이에 솜을 넣어 누

〈그림 16〉 수인복 - 김기업(1920. 4. 27)

- 출처: 국사편찬위원회 소장

빌 수 있었다. 그것도 규정에 따르면 한 벌당 2.35kg까지로 제한되었다.

   수감자들은 난방이 전혀 되지 않는 감방 안에서 오로지 솜옷 하나에 의지해 추위를 견뎌야 했다. 배급이 원활하지 않아 얇은 여름옷을 그대로 입는 일도 있었다. 수감자의 추위 따위는 식민 당국에서 신경 쓸 바가 아니었다. 오히려 유일한 방한 수단인 솜의 양까지도 제한하여 수감자를 옥죄었다.

   수인복의 색깔은 청색과 붉은색 두 가지였다. 청색은 형이 확정되지 않은 미결수가 경찰서에서 감옥으로 이송되어 판결 받기 전까지 입었다. 붉은색은 형이 확정된 기결수가 입었다. 간수는 수인복의 색깔만으로 미결수인지 기결수인지 즉시 구분할 수 있다. 통제의 효율성을 높이려는 의도가 내포되어 있었던 것이다. 한편, 외부에서 차입도 가능했다.

이 경우 흰색이나 검은색이 주류를 이루었다.

감옥 안에서의 생존 조건은 밖에서 가해지는 일제의 압박보다도 심했다. 특히 출옥한 사람들이 이구동성으로 말하는 고통은 배고픔이었다. 수감자 대부분은 수형생활 몇 개월이 지나지 않아 건강했던 몸이 비쩍 마르고, 면역력이 감소하여 감기나 말라리아 등 각종 질병에 시달렸다. 1919년 독립을 선언한 민족대표 33인 중 한 명인 〈그림 17〉의 이승훈(李昇薰)은 출옥 후 '감옥에 대한 나의 주문'을 신문에 기고하며, 먹는 것에 대한 어려움을 증언했다.

감옥에 대한 나의 주문(2)

(전략) 감옥에서 갇혀 있는 사람에게 주는 것이 콩밥은 감옥을 보지 못한 사람도 모두 들어 아는 일이라. 그러나 그것은 콩밥이라기보다는 차라리 메줏덩이 가까운 것이며, 반찬이라고 주는 것도 실로 형상하여 말하기 어렵지만 (중략) 아무리 견디려 하여도 견디지 못할 고통은 밥에 돌이 섞여 있는 일이라. 돌이 전체의 몇 분의 일이나 되느냐, 밥 한술에 돌이 평균 몇 개나 있느냐 하는 것은 조사를 해보지 못하였으므로 단정하여 말할 수 없지만, 대개 감옥의 콩밥이라는 것은 입에 넣은 덩이째로 침을 슬슬 발라서 어름어름 삼켜야 하며, 만일 대강이라도 씹으려 하다가는 이가 상할 만한 정도이므로 일반의 불편이 심할 뿐 아니라 장과 위에 해를 끼쳐 더욱이 소화기가 약한 사람은 이로 인하여 병을 얻게 되어 이 고통에 신음치 아니하는 자는 한 사람도 없는 현상이라. (이하 생략)

－『동아일보』 1922. 7. 26

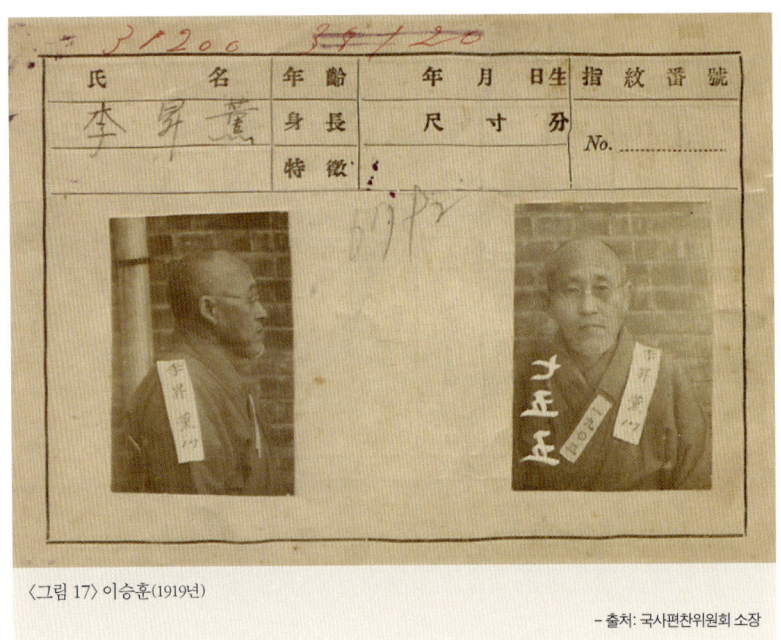

〈그림 17〉 이승훈(1919년)

- 출처: 국사편찬위원회 소장

윗글에 의하면 수감자는 말라비틀어진 콩밥에 말로 표현할 수 없을 정도의 반찬으로 연명하였다. 더 고통스러웠던 것은 밥에 돌이 섞여 있어 대충이라도 씹다가는 이가 상한다는 점이었다. 할 수 없이 침으로 우물우물하여 삼킬 수밖에 없었다. 그래서 많은 사람이 위장병으로 힘들어했다.

이러한 상황은 갈수록 악화되어 수감자들의 항의가 빈번히 일어났다. 1931년 5월 서대문형무소에서 공장 노역에 동원되었던 사상범 52명이 '먹기 곤란한 밥'에 항의하며 처우 개선을 요구하는 단식을 결행하였다.

서대문감옥 제1공장 50여 죄수 단식

대우 개선 부르짖고 단식동맹, 서대문형무소는 사실 부인

사상범 대다수가 수용되어 있는 서대문형무소의 제1공장의 수인 52명은 지난 28일부터 작업을 중지하고 돌연 단식동맹을 하였다는 설이 전한다. 그들이 단식동맹을 하기에 이른 이유는 동 형무소에서 수인들에게 주는 밥이 좁쌀의 겉겨가 섞여 먹기 곤란할 뿐만 아니라 그 밖에 여러 가지 대우가 좋지 못하다 하여 주로 대우 개선을 형무소 당국에 요구하였으나 그를 들어주지 아니함으로 마침내 작업을 쉬고 단식을 동맹한 것이라 한다. 폐업 단식은 30일까지도 계속 중인데 이 영향은 형무소 안 다른 공장까지 파업할 염려가 있다고 전한다. 이에 대하여 서대문형무소 요코야마(橫山藤三郞) 소장은 말하되 "전한다고 하는 휴업 단식동맹과 같은 사실은 우리 형무소 안에 결코 없습니다"라고 하였다.

-『동아일보』1931. 5. 31

영양 공급이 절대적으로 부족한 감옥에서의 단식투쟁은 자칫 목숨을 해칠 수 있는 행위다. 그렇기 때문에 죽음을 무릅쓴 최고의 저항 방법이었다. 먹기 어려운 '밥'을 개선해 달라고, 그 '밥'을 거부하면서 투쟁을 벌일 수밖에 없었던 현실이었다. 감옥에서의 '먹는' 문제는 한두 해의 일이 아니었다. 1932년 10월에도 음식 문제로 수감자들이 또 단식투쟁에 들어갔다.

서대문감옥

서대문형무소 채석장에서 복역하고 있는 사상범 기결수 30여 명은 지난 28일부터 대우 개선과 음식물 개량을 부르짖으며 단식을 시작하여 29일, 30일, 1일까지 4일간을 계속하였는데, 그중 주모자 정윤필(鄭允弼) 등 3인은 필경 독방에 수용되었다고 전한다. 이에 대하여 다나카(田中) 서무과장은 "그러한 일은 전연 없었습니다"라고 부인을 했다.

-『동아일보』1932. 10. 5

거센 항의에도 감옥 측에서는 시종일관 '그러한 일이 없다'라는 입장을 고수하면서 음식 문제 자체를 은폐하는 데 급급했다. 일제가 대륙 침략을 확대할수록 전쟁에 드는 비용 문제로 감옥에 식량을 충분히 공급하기 어려운 상황이었기 때문이다. 더욱이 일제는 식민지 감옥 수감자들의 영양 개선에 대한 의지조차 전혀 없었다. 그러한 상황 속에서 굶주림은 감옥 생활 중 가장 견디기 힘든 고통이 되었다. 수감자들은 그저 배고픔을 참고 견딜 수밖에 없었고, 영양 부족으로 면역력이 결핍되어 각종 질병에 쉽게 노출되었다.

특히 사상범의 식사량은 일반 형사 범죄자보다 상대적으로 적었다. 1936년 제정된 〈표 7〉의 '양식급여표(糧食給與表)'에 의하면 배급 기준을 특등급부터 8등급까지 총 9단계 등급으로 구분하였다. 기준은 '죄질'과 '노역의 종류'였다. 특등급 쪽으로 갈수록 형사 범죄인 사기, 폭행, 절도, 강도 등의 일반범이고, 8등급 쪽으로 갈수록 치안유지법, 보안법, 출판법 등을 위반한 사상범이다. 9개 등급 가운데 사상범은 4~5등급 이하의 식량을 배식받았다. 친일파 이용로(李容魯)를 처단하여 1936년 서대문형무소에 수감되었던 이규창(李圭昌)의 회고록『운명의 여신(餘燼)』에 의하면 수감 직후 7등식, 한 끼에 220g의 밥을 배급받았다고 한다.

〈표 7〉 수감자 양식급여표(1936)

구분	등급	1회 분량(g)	칼로리(kcal)
노역자 일반범	특등	400	1,132.80
	1등급	380	1,076.16
	2등급	350	991.20
	3등급	330	934.56
	4등급	300	849.60
미취업자 사상범	5등급	270	764.64
	6등급	240	679.68
	7등급	220	623.04
	8등급	200	566.40
환자식	중간식(中間食)	220 이하	734.80
	죽 또는 미음	180 이하	601.20

출처: 조선총독부 법무국 행형과, 1938, 『조선의 행형제도(朝鮮の行刑制度)』, 치형협회, 59~61쪽.

　이 기준은 그저 규정일 뿐이었다. 제시된 등급별 배식량도 적은데 1930년대 후반으로 갈수록 그 규정조차 지켜지지 않으면서 더욱 열악해졌다. 1937년 중일전쟁과 1941년 태평양전쟁 발발 등 전시체제로 전환하면서 식량 보급 자체가 어려운 상황이 되었기 때문이다.

　밥의 혼합 비율은 백미(白米) 10%, 조 또는 보리 등의 잡곡 50%, 콩(大豆) 40%로 구성되었다. 그러나 1939년 「미곡통제령」이 공포된 이후에는 백미는 말할 것도 없고, 좁쌀밥조차 먹지 못했다고 한다. 이규창은 서대문형무소와 경성형무소를 거쳐 1942년 광주형무소로 이감되어 병감에서 노역하면서 당시 식량 상황을 다음과 같이 술회하였다.

지금 형을 받고 감옥에 있어 음식이 개돼지도 안 먹는 식물(食物)을 먹으니, 그들도 별수 없어 기아부종(飢餓浮腫, 영양실조로 몸이 붓는 증상)에 걸려 병감(病監)에 안 들어올 수 없었다.

- 이규창, 1992, 『운명의 여신』, 보연각, 283쪽.

배식받은 음식물이 개나 돼지의 먹이에도 못 미치는 수준이었다고 한다. 이 때문에 영양실조로 몸이 붓고, 결국 병에 걸리게 된다는 것이다.

1941년 투옥된 김광섭(金珖燮)은 옥중 기록에서 "상황이 더욱 악화되어 무 쪽 하나와 콩깻묵이 반절 이상 섞여 있는 '콩깻묵밥'을 배식받았다"라고 하였다. 결국 배고픔을 참지 못한 사람들은 취사장 주변에서 썩은 배추꼬랑이, 버려진 복어알 등 조금이라도 먹을 수 있는 것은 무엇이든지 주워 먹어 설사와 중독이 되는 경우가 많았다. 공장에서 노역 중 배고픔을 견디지 못하고 아교를 훔쳐 먹다가 발각되어 고초를 당하는 일까지 일어나기도 했다고 한다.

이처럼 감옥에서 '잘' 먹는 것은 사실상 불가능했다. 삶을 연명하기 위한 최소한의 영양분마저도 제대로 공급되지 않았다. 수감자는 일제의 압박에 의한 육체적·정신적 고통보다도 먼저 배고픔이라는 원초적인 적과 싸워 버텨내야만 후일을 도모할 수 있었다. 이 배고픔의 원초적 고통은 1930년대 중후반부터 '선량한 황국의 신민'으로의 사상 전환을 요구하는 '전향(轉向)'이라는 사상 통제의 '훌륭한' 미끼로 작용하였다.

감옥에서 견디기 어려운 것 가운데 또 하나는 온종일 좁은 감방 안에서 아무것도 하지 않는 채 있는 것이었다. 미결수와 기결수 중 주요 사상범은 공장 노역에 동원하지 않았다. 사상범이 일반 범죄자에게 사상적으로 선동과 전파할 우려가 있다고 판단했기 때문이다. 노역을 하지 않았던 수감자는 여름철의 경우 오전 6시에 기상하여 7시에 아침밥을 먹었다. 이후 감방 내부를 검열하는 검방(檢房)을 10시에 실시하고, 점심밥 12시, 저녁밥 17시, 취침 21시의 일과였다. 이들에게 감옥의 일상은 세면, 식사, 용변, 취침, 침묵이 전부였다.

모든 수감자는 아침에 일어난 직후와 저녁 취침 전에 각자의 자리에 앉아 기도해야 했다. 이것을 이른바 '동방요배(東方遙拜)'라고 한다. 동방요배는 '내선일체(內鮮一體)와 천황(天皇)의 적자(赤子)로 일신(一身)을 바쳐 대일본을 위하여 헌신한다'라는 구호를 외치고, 동방을 향하여 '황국신민(皇國臣民)의 서사(誓詞)'를 제창하는 행위다. 일과의 시작과 끝을 일본에 충성하도록 끊임없이 세뇌받았다.

감방에서의 자세는 일과 시간 내내 '정좌(正坐)'를 하고 있어야 했다. 정좌는 두 무릎을 맞대고 꿇어앉는 자세다. 오랫동안 이 자세를 취하면 무릎과 발목에 마비가 오고, 허리에 통증이 온다. 앉아 있어야 하는 자세 그 자체가 고통이었다. 온종일 무릎 꿇고 있다가 취침 시간이 되어서야 누울 수 있었다. 간수의 '취침'이라는 구령이 떨어져야만 정좌하고 있던 자세를 풀고 취침에 들어갔다. 노역에 동원되지 않은 사람은 감방 안에서 봉투 붙이기, 그물 짜기, 걸레 꿰매기 등의 작업을 하기도 했지만 정좌한 채 온종일 감방에서만 시간을 보내기는 쉬운 일이 아니었다.

감방 안의 수용 밀도도 매우 높았다. 감방에 있는 자체가 고역이었다. 이승훈의 증언에 의하면 1919년 '민족대표가 갇힌 큰방에는 17~19명, 학생들이 갇힌 큰방에는 21~23명' 정도가 수용되었다고 한다. 당시 큰방은 10.9m², 약 3.3평으로 1평당 밀도가 5~7명에 달했다. 이후 대전감옥이 신설되고, 전국 각지의 감옥에서 구치감 등의 시설이 확장되었음에도 수용 밀도는 개선되지 않았다. 한여름에는 〈그림 18〉과 같이 이른바 '초열지옥(焦熱地獄)의 철창'이라고 할 정도로 열악한 상황이었다.

1평에 4명씩 수용

초열지옥의 철창

◇ 중태에 빠진 이만 3명 ◇

사상범에 환자 속출

 3~4년 동안 철창에서 신음을 하다가 출옥한 모 씨의 말을 들으면, 현재 동 형무소에서 복역 중인 사상범들을 감방 1평 2합 2작밖에 아니 되는 좁은 방에 네 사람씩을 수용하고 작업을 시킴으로 지금과 같은 고열에는 차마 견딜 수가 없다는 것이다. 그리고 음식물에 대하여 밥이랑 겨가 반이나 섞인 좁쌀밥을 줌으로 먹을 수가 없고, 또한 형무소 안에서 특히 사상범을 취급하는 것이 가혹하여 견딜 수가 없다는 것이다. 그리하여 사상범 중에는 환자가 속출하는 중, 현재 이인수(李仁洙), 정봉래(鄭鳳來), 오영(吳英) 3명은 중태에 빠져 있고, 윤도순(尹道順), 전도(全濤) 2명도 신음하는 중이라 한다.

-『동아일보』1931. 8. 11

 감방이 들어선 옥사는 중앙간수소(中央看守所)를 중심으로 방사형으로 배치되었다. 일종의 파놉티콘(panopticon) 구조다. 수감자는 어두운 중앙간수소에 서 있는 보이지 않는 감시자에게 항상 노출되어 있었다. 이것을 창안한 영국의 공리주의자 제러미 벤담(Jeremy Bentham)의 의도

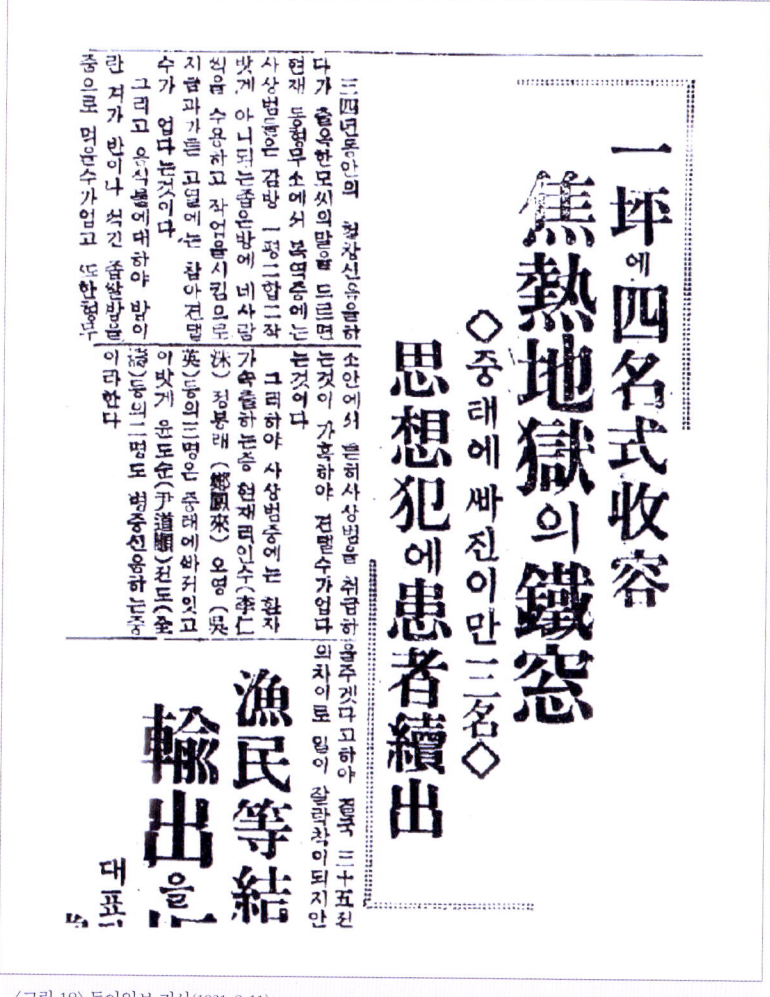

〈그림 18〉 동아일보 기사(1931. 8. 11)

- 출처: 『동아일보』

처럼 수감자는 항상 간수에게 감시받고 있다고 생각하게 된다. 그 의도에 부합하도록 수감자에게 모범적인 행동을 하게 함으로써 통제의 목적을 극대화하는 구조다. 심지어 감시를 위해서 취침 중에도 감방 내 전등을 밤새 켜 두기도 했다.

열악한 감방 생활에서 일제의 탄압보다 더 무서운 것은 질병이었다. 수감자들은 영양 부족과 비위생적인 환경으로 면역력이 감소하여 각종 질병에 쉽게 노출되었다. 주로 많이 걸리는 질병은 열악한 위생 상태로 인한 피부병, 장티푸스, 발진티푸스 등과 조악한 음식 상태로 인한 치질과 정신적 충격으로 인한 신경통, 정신 공황 등이었다. 또 취조 과정에서 받았던 가혹한 고문으로 인한 후유증으로 복막염(腹膜炎)과 늑막염(肋膜炎), 골절 등도 많았다. 겨울철에는 동상에 걸리는 일도 다반사였다.

일제의 조사에 의하면 1935년 전국 수감자의 발병률이 60%에 가까웠다. 10명 가운데 6명이 질병으로 고통받았다는 소리다. 그 고통에 대해 1929~1932년에 서대문형무소와 대전형무소에 투옥되었던 여운형(呂運亨)은 다음과 같이 토로했다.

(전략) 감옥소 덕에 얻은 병은 다섯 가지다. 맨 처음 상해에서 잡힐 적에 운동장에서 경관과 격투하다가 귀를 몹시 얻어맞았는데, 그때 고막이 상하여 아주 병신이 되고 말았다. 그다음에는 옥에서 주는 조밥을 먹다가 돌을 깨물어서 이 한 개가 그만 부러지고 말았다. (중략) 소화불량은 대단하다. 얼굴이 이처럼 수척해지고 늙어졌으며, 나왔던 배가 쑥 기어들어 간 것이 모두 그 때문이 아닌가 한다. (중략) 옥에 갇힌 지 며칠 못 가서 신경통이 격렬하게 일어났다. 그 통에 머리와 수염이 이렇게 하얗게 세어 버렸다. (중략) 그리고 마지막으로 감옥 안에서는 누구나 다 앓게 되는 치질에 걸리어 퍽 고생하였다. (중략) 그리고 보니 옥살이가 3년에 나는 병쟁

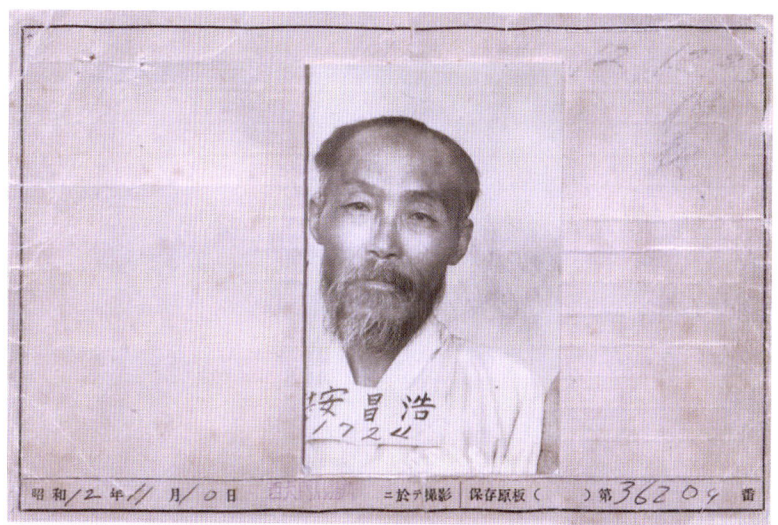

〈그림 19〉 안창호(1937. 11. 10 / 1937. 12. 24 병보석)

- 출처: 국사편찬위원회 소장

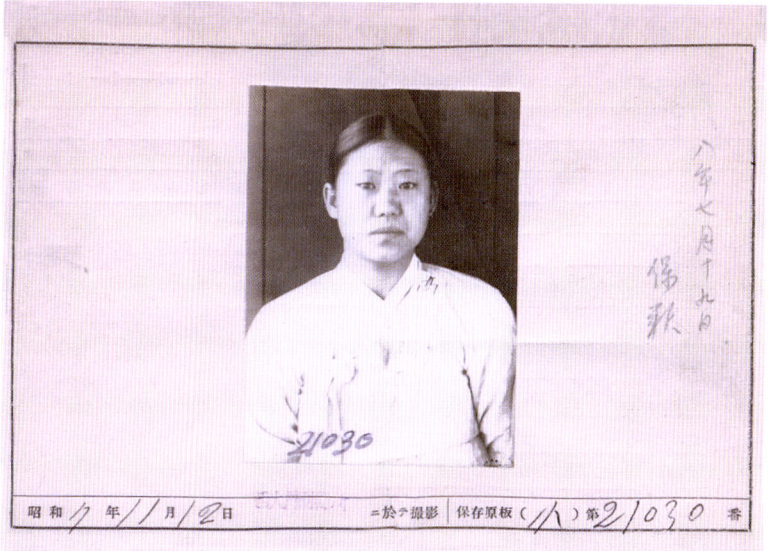

〈그림 20〉 고수복(1932. 11. 12 / 1933. 7. 19 병보석)

- 출처: 국사편찬위원회 소장

이가 되어 버린 셈이다.(이하 생략)

-「여운형 옥중기」, 1932(9월호), 『신동아』 제2권 제9호.

병마에 시달리다가 감옥 안에서 사망하는 경우도 흔했다. 신문 보도에 의하면 전국 감옥의 사망자는 1930년 145명, 1931년 143명, 1932년 189명, 1933년 215명으로 계속 증가하였다.

한편, 출옥 후 바로 사망한 사례도 있다. 동우회사건으로 수감되었던 안창호(安昌浩)의 건강이 악화되어 옥사(獄死)할 우려가 있자 일제는 1937년 12월 24일 병보석으로 급히 출옥시켰다. 그러나 출옥 후 3개월 만인 1938년 3월 10일 서거하고 말았다. 노동운동에 투신했다가 1932년 9월 투옥된 고수복(高壽福)도 같은 경우다. 1933년 7월 19일 병보석으로 출옥한 직후 10여 일 만인 7월 28일 운명했다. 병자를 방치하다가 죽음에 직면하자 병보석이라는 허울 아래 감옥 밖으로 내보냈던 것이다.

식민지 치하에서 감옥에 투옥되면 목숨을 보장받을 수 없는 상황에 놓이게 된다. 일제는 감옥에 갇힌 이들을 식민정책에 순응하는 '인간형'으로 만들기에 골몰하며 입는 것, 먹는 것 그리고 각종 생활을 통제하였다.

11
강제된 노동, 노역

 감옥에 투옥되면 공장에 동원되어 일을 해야 한다. 이것을 노역(勞役)이라고 한다. 감옥 내에 있는 공장에 가서 일하는 경우와 감옥 밖 농장이나 채석장 등지에 나가서 일하는 경우 감방 내에서 간단한 작업을 하는 경우 등이 있다. 미결수와 기결수 중 주요 사상범을 제외하고 대부분은 공장에 취역하였다. 1920년대 중후반부터는 사상범만을 모아 공장 노동에 동원하였다. 노역에 동원되는 사람은 일제가 정해 놓은 엄격한 시간의 틀 속에서 통제되었다. 수감자의 시간을 지배함으로써 행동을 장악하고 더 쉽게, 효과적으로 관리하려는 데 목적이 있었다. 이들의 일과는 〈표 8〉과 같은 동작시한표(動作時限表)에 따라 강제로 움직였다. 자율적인 시간표가 아닌 제한된 시간만 존재하는 시한표(時限表)에 의해 규제되었던 것이다.

〈표 8〉 재소자 동작시한표(在所者 動作時限表)

구분	1월·12월	2월·11월	3월·9·10월	4~5월·8월	6~7월
기상	07:00	07:00	06:00	06:00	05:00
작업시작	08:00	08:00	07:00	07:00	06:00
휴게	-	-	-	10:00~10:15	10:00~10:15
점심	12:00~12:30	12:00~12:30	12:00~12:30	12:00~12:30	12:00~12:30
작업시작	12:30	12:30	12:30	12:30	12:30
휴게	-	-	-	15:00~15:15	15:00~15:15
작업종료	16:00	17:00	17:00	18:00	18:00
취침	19:00	20:00	20:00	20:00	21:00

출처: 서대문형무소직원교우회, 1939, 『서대문형무소예규류찬』, 152쪽.

    11~12월과 1~2월 겨울철에는 오전 7시, 6~7월 여름철에는 5시, 3~5월과 8~9월 봄·가을철에는 6시에 일어났다. 일조량에 따라 하루 최대 11~12시간에서 최소 7시간 30분~8시간의 노동에 시달렸다. 작업 시간이 단축되었던 1~3월, 11~12월에는 작업 중간 15분씩 쉬는 시간마저도 주어지지 않았다. 또한 노동 이외의 불필요한 시간을 최대한 줄이기 위해 세끼 모두 공장에서 먹게 했다. 마치 '다람쥐 쳇바퀴 돌아가는 듯' 하루하루를 지냈다.

    고된 노역도 힘들었지만, 수감자를 더욱 괴롭혔던 것은 옥사와 공장을 이동하는 과정에서 행해졌던 신체검사인 검신(檢身)이었다. 계절과 날씨에 상관없이 모든 옷을 벗고, 중간에 허들 같은 막대기를 뛰어넘으며 입을 '아~' 하고 벌려야 했다. 온몸에 아무것도 숨기지 않았다는 것을 확인받는 과정이다. 김광섭에 의하면 이 광경은 '마치 원숭이가 널뛰는 장면' 같아 매우 치욕스러웠다고 한다.

초가을인데 벌써 발가락이 꼬부라진다. 간수의 구두 소리가 빨라지면서 철컥철컥 문들이 열린다. 마음속으로 나갈 차비를 단단히 하는데도 몸이 벌써 오그라진다. 그러나 망설이다간 야단이다. 후려갈기기도 하고, 차이기도 한다.

나의 독방에도 차츰 가까워진다. 후딱 벗고 문 앞에 선다. 무명수건 하나를 들고 문이 열리자, 고개를 끄덕하고는 복도를 달려 층계를 내려와 큰 문에 나서면 겨울 물에 풍덩 뛰어드는 듯 찬바람을 훅 느끼며 창창한 대한천(大寒天) 속에 뛰어든다. 정신없이 달리다가 가운데 놓인 허들을 훌쩍 뛰면서 입을 하~ 벌려야 한다.

뛰는 것은 항문에 감춘 것이 없다는 표시요, 아~ 하는 것은 입에 문 것이 없다는 증거다. 감방과 공장 사이로 조그마한 것이라도 가지고 다니다간 벼락이 떨어진다. 이렇게 무시무시한 관문을 넘어서 내가 독방에서 요새 나가게 된 15공장 어귀에 이르면 나체의 행렬 (중략) 하룻밤 새도록 꽁꽁 언 뻘건 작업복을 주워 입고 궤짝만 한 작업상에 앉으면 이것이 아침에 시작되는 제일 고된 징역이다.

– 김광섭, 1976, 「옥창일기」, 『나의 옥중기』, 창작과 비평사, 18쪽

노역의 종류는 각 감옥이 위치한 지역마다 달랐다. 도시에 있는 경우 재료 운반과 보급이 용이하였으므로 〈표 9〉와 같이 서대문형무소에서는 양재봉공과 기직공 작업으로 옷감 짜기[기직(機織)], 옷 만들기[재봉(裁縫)], 실 짜기[방적(紡績)] 등 주로 의류 관련 작업을 했다. 경성형무소에서는 기와와 벽돌[연와(煉瓦)] 및 종이[초지(抄紙)], 평양형무소에서는 견직(絹織), 대구형무소에서는 가죽제품[피혁(皮革)]과 종이 등을 생산

하였다. 감옥에서 생산된 물품은 전국 관공서와 형무소, 군부대, 학교, 기타 조합 및 협의회 등에 보급되었다. 지방 소도시에 인접한 감옥은 입지 환경에 따라 생산품을 달리하였다. 부산형무소에서는 어로 및 그물뜨기[망공(網工)], 해주형무소에서는 유리[초자(硝子)], 목포형무소에서는 채석(採石), 공주형무소와 인천소년형무소에서는 축산(畜産), 춘천·서흥·진주 지소에서는 농사[경운(耕耘)] 등 지역의 특산에 맞는 여러 가지 작업이 진행되었다.

〈표 9〉 전국 형무소 노역 종류(1937년)

복심법원 관할 형무소	노역의 종류	지방법원 관할 형무소	노역의 종류	형무소 지소	노역의 종류
경성형무소	연와공(煉瓦工) 초지공(抄紙工)				
서대문형무소	기직공(機織工) 양재봉공 (洋裁縫工)			춘천지소	화재봉공 (和裁縫工) 경운(耕耘)
		공주형무소	축산(畜産)	청주지소	
		대전형무소	기직공		
		함흥형무소	목공(木工)	원산지소	목공
		청진형무소	목공		
평양형무소	견직			진남포지소	고공(藁工)
				금산포지소	채광(採鑛)
		신의주형무소	목공(木工)		
		해주형무소	초자공 (硝子工)	서흥지소	경운
대구형무소	혁공(革工) 초지공			안동지소	병직(絣織)

복심법원 관할 형무소	노역의 종류	지방법원 관할 형무소	노역의 종류	형무소 지소	노역의 종류
		부산형무소	망공(網工)	마산지소	
				진주지소	경운
		광주형무소	연와공 인쇄공 (印刷工)	소록도지소	
		목포형무소	채석(採石)		
		전주형무소		군산지소	목공
인천소년 형무소	축산(畜産)				
개성소년 형무소					
김천소년 형무소	막대소공 (莫大小工) 인쇄공 목공				

출처: 조선총독부 법무국 행형과, 1938, 『조선의 행형제도』, 치형협회, 34~46쪽.

전국 감옥에서 노역에 의한 작업 수입은 1935년의 경우 총 2,455,090원이었다. 이것을 환산 생산 가치로 보면, 당시 전국에서 수감자를 수용하는 데 소요되었던 비용 3,219,484원 대비 76%에 달했다. 또 전국 감옥 운영 예산 5,335,000원 대비 46%에 달하는 막대한 금액이었다.

일제 식민 당국은 노역을 '수형자의 건강을 유지하고, 근검 역행의 양습(良習)과 직업 기능을 습득하게 함으로써 석방 후의 생활 실력을 부여'하기 위함이라고 표방하였다. 그러나 실상은 식민지 감옥 운영에 필요한 소요 예산을 수감자의 노동력을 통해 조달하고, 동시에 수감자에 대한 통제를 원활하게 도모하기 위한 착취와 기만이었다.

〈그림 21〉 경성형무소 벽돌공장(1920년대)

- 출처: 치형협회, 1924, 『조선형무소사진첩』

〈그림 22〉 함흥형무소 목공공장(1930년대)

- 출처: 조선총독부 법무국 행형과, 1938, 『조선의 행형제도』, 치형협회, 41쪽.

노역의 대가인 임금으로 '상여금(賞與金)'을 주도록 규정되어 있으나 모범수로 인정받은 누진처우제 2급 이상의 자에게만 출옥 시 지급하도록 규정되어 있다. 그것도 실제 노동 시간의 1/4에도 미치지 못하는 금액이었다. 1930년대 후반부터는 수감자의 의지와 상관없이 감옥 측에서 상여금을 모아 일제 군대에 무기를 헌납하기도 했다.

  1940년대 이르면 동작시한표와 같은 일률적인 노동 시간의 제한을 없애고 감옥별로 작업 시간을 자체 조정하게 하였다. 이로써 수감자에 대한 노동력 착취가 무제한으로 이루어졌다. 1941년 태평양전쟁 발발 이후에는 각 감옥에서 전쟁 물자 생산에 몰두하였고, 감시와 통제를 전시기보다 강화하는 한편, 수감자를 보국대(報國隊)라는 명목으로 수원의 비행장 건립에 동원하거나 해남도(海南島)로 보내는 등 전쟁의 자원으로 활용하였다.

  이렇게 식민지 감옥에서는 규칙이라는 허울 아래 거부할 수 없는 지배와 피지배, 억압과 복종, 감시와 처벌의 강제된 권력관계만이 존재하였다.

12
사상 통제 그리고 전향

1930년대 중후반부터 일제는 항일 독립운동가의 사상을 통제하고 개조시키려는 전향(轉向)정책을 시행했다. 이 정책은 이미 일본에서 시작되었다. 1933년 6월 일본 이치가야형무소(市ヶ谷刑務所)에 갇힌 일본공산당 핵심 지도자 사노 마나부(佐野學)와 나베야마 사다치카(鍋山貞親)가 전향 성명서를 발표하자 일본 내 사상범의 약 30%가 전향하였던 것이 계기가 되었다.

일제는 이 경험을 한국에 적용하여 '사상범자'를 식민지 권력에 충성하는 '선량한 황국신민'으로 개조하고자 했다. '일본 국민으로 헌신의 기회'를 준다는 명목으로 양질의 노동력을 전쟁에 동원하기 위해서였다. 이 같은 이유로 전국 각지의 감옥에서는 주요 사상범을 전향시키는 데 사력을 다했다. 1930년대 전국 형무소장회의 때 주요 안건으로 제기된 것도 '사상범의 전향 효과를 높이기 위한 대책 마련'이었다. 1939년

〈그림 23〉 전국형무소장회의(1937년)

- 출처: 조선총독부 법무국 행형과, 1938, 『조선의 행형제도』, 2쪽.

6월 전국 형무소장회의에서 조선 총독 미나미 지로(南次郎)는 각 형무소장에게 미전향자가 없도록 전향을 독려하였다.

형무소장회의 총독 훈시

사상범 수형자 중 아직 상당수의 미전향자가 있다는 것은 심히 유감스럽다. 만약 재소자 중 끝내 사상 전향을 하지 않은 채 만기 석방하는 자가 있다면 일반인들에게 행형의 효과가 있다는 것을 의심받게 되기 때문에, 여러분(전국 형무소장)은 수형자의 개성을 살려 교화의 구체적 방안을 치밀히 연구하여 부단한 노력을 함으로써 이들 미전향 수형자가 전혀 없도록 목표를 둔다.

-『동아일보』1939. 6. 23

형무소장들은 전향 성과 창출을 위해 사상범 중 명망이 있거나 비중 있는 인물을 전향시키기 위해 필사의 노력을 기울였다. 1935년 정평농민조합의 지도자 이재필(李載弼)이 서대문형무소에 수용되었을 당시 소장 미야자키(宮崎速任)가 어떻게 해서든 그를 전향시키기 위해 많은 노력을 하였다고 한다. 심지어 전향을 조건으로 자기의 딸과 혼인시켜 주겠다고 할 정도였다. 파급력 있는 공산주의자의 전향은 그를 가족으로 삼을 만큼 형무소장에게는 중차대한 일이었다.

전향정책과 더불어 1936년 12월 「조선사상범보호관찰령(朝鮮思想犯保護觀察令)」을 제정하면서 사상범의 사상적 상태, 즉 '전향자'와 '준전향자'를 총 5단계로 구분하고, 전향 가능성이 없는 자를 '비전향자'로 분류하여 세분화했다.

① 전향자(轉向者)
1단계: 혁명사상을 버리고 일체의 사회운동에서 이탈할 것을 서약하는 자
2단계: 장래 합법적 사회운동에 진출하고자 하는 자
3단계: 혁명사상은 버리되 합법적 사회운동에 대한 태도를 미결정한 자
② 준전향자(準轉向者)
4단계: 품고 있던 혁명사상에 동요를 느끼고, 장래 그것을 버릴 가능성이 있는 자
5단계: 혁명사상은 버리지 않았으나 장래 일체의 사회운동에서 이탈할 것을 맹세하는 자
③ 비전향자(非轉向者): 사상 및 언동에 있어서 하등의 반성이 없는 자

일제의 전향정책 목적은 '일본의 충량한 신민(臣民)으로서 사회의 재목이 되는 것'에 있었다. 사상범조차 식민지의 도구로 만들고, 그들을 통해 역으로 체제 안정화를 꾀하려고 하였다. 이것을 달성하려는 방법론이 「조선사상범보호관찰령」이었다. 보호관찰 대상은 치안유지법 위반자 중 기소유예, 집행유예, 가출옥, 만기 출옥한 사상범이었다. 기간은 2년으로 하되 필요에 따라 연장하거나 단축할 수 있도록 했다. 사실상 기간 제한이 없는 것과 다름없다. 보호관찰 대상자에게는 거주지, 교우 관계, 통신 등에 일정한 제한을 가했다. 보호관찰 방법은 보호사(保護司)의 관할하에 두는 것, 보호자에게 인도하는 것, 사원·교회·병원 또는 기타 적당한 보호단체나 개인에게 위탁하는 것 세 가지가 있다.

보호관찰 내용은 사상 지도와 생활 확립이었는데 주로 사상 지도에 집중되었다. 이를 위해 1937년 촉탁보호사(囑託保護司) 제도가 도입되었다. 촉탁보호사는 주임 대우를 받았고, 사상범 출소자의 재범 방지와 사상 억제 업무를 맡았다. 사상범이 출옥 후에 다시 항일 독립운동을 하지 못하도록 통제한 것이다. 이를 위해 '사상적 과오를 청산하고 황도정신(皇道精神)을 자각하여 충량한 황국신민이라는 본연의 자세로 복귀'하도록 사상범을 전향시키는 것이 임무였다. 주로 국방헌금 납입, 지원병 입대, 방호단(防護團) 가입, 신사참배 및 안내, 다른 사상범에 대한 전향 유도 등의 활동에 주력하였다.

촉탁보호사들에 의해 사상범들은 출옥하고도 정기적으로 재소집되어 거주와 교우 등에 제한을 받았다. 보호관찰 인원은 「조선사상범보호관찰령」 제정 이후 약 2년 6개월 동안 1,504명이었다. 1939년 12월 전국 수감 인원 19,398명 대비 8%의 비율을 보인다. 전국 7개소에 보호관찰소가 설치되었는데 지역별 보호관찰 회부 인원은 〈표 10〉과 같다.

〈표 10〉 보호관찰회부 인원(1939년)

보호관찰소	서울	평양	대구	함흥	청진	신의주	광주	합계
보호관찰에 회부된 인원 (1937. 1~1939. 7)	414	157	166	317	182	116	152	1,504

출처: 조선총독부 검사국, 1939, 『사상휘보(思想彙報)』 20, 53~54쪽.

한국에서의 전향 효과는 사상범 가운데 56% 정도가 전향하여 일본의 90%에 비해 크게 밑도는 수치였다. 그러나 계속 증가 추세에 있었다. 전향자가 1937년까지 반기별로 100명을 넘기지 못하다가 1938년에 들어서 150명 선을 넘어섰고, 1939년에는 298명으로 전년도에 비해 2배가량이나 크게 증가했다. 일제는 전향 성과를 '조선 민중의 애국열'과 '국민정신 총동원 운동 추진', '경찰의 활발한 취체 활동' 결과로 보았다.

수감자들은 형무소 교무과에 소속된 교육 전담 교회사(敎誨師)에게 끊임없는 회유와 협박을 받아야 했다. 교회사들은 '교회(敎誨)'라는 교육하에 사상 전환을 유도했다. 교회는 〈표 11〉과 같이 집단으로 모이는 집합 교회와 개개인의 상황에 맞춰진 개별 교회 등 총 20개가 있었다. 이들 교회는 전향 작업의 일환으로 활용되었다.

〈표 11〉 교회(敎誨)의 종류

구분	종류	대상
집합(集合) 교회	1. 일요일(日曜日) 또는 축제일(祝祭日) 교회	일요일, 축제일에 함.
	2. 식장(式場) 교회	은사의 석방 상표를 받는 식 등에 함.
	3. 관전(棺前) 교회	재소자가 사망하였을 때 관계있는 자를 열석시켜 함.
	4. 특별집합(特別集合) 교회	은사 기념일, 기타 필요한 때 임시로 함.
개별(個別) 교회	1. 입소(入所) 교회	새로 입소하거나 재입소 한 자에게 함.
	2. 은전(恩典) 교회	대사, 특사, 감형 등을 받은 자에게 함.
	3. 가석방(假釋放) 교회	가석방자에게 함.
	4. 석방준비(釋放準備) 교회	형기 종료 1개월 전에 출감시 보호 요령을 조사할 때 함.
	5. 출소(出所) 교회	형기 종료, 이감 또는 형 집행 정지로 출소하는 자에게 함.
	6. 기일(忌日) 교회	돌아가신 부모의 제삿날에 참배하게 함.
	7. 조상(遭喪) 교회	부모상을 당한 자에게 함.
	8. 수상(受賞) 교회	상표를 받은 자에게 함.
	9. 반칙(反則) 교회	반칙 행위를 한 자에게 함.
	10. 해벌(解罰) 교회	벌을 해제할 때 함.
	11. 면벌(免罰) 교회	징벌의 집행을 면제해 줄 때 함.
	12. 청원(請願) 교회	일신상이나 기타 건으로 출원하는 자에게 함.
	13. 거방(居房) 교회	병자, 작업을 면제받은 자(免業者), 처벌 중인 자 또는 독방 구금자에게 함.
	14. 통신(通信) 교회	수형자 출소 후 상황을 조사하고, 장래 바람에 대해 서신으로 함.
	15. 사형자(死刑者) 교회	사형을 집행할 때 함.
	16. 특별개인(特別個人) 교회	서신 검열, 접견 입회 및 기타의 경우 특별히 필요하다고 인정될 때 임시로 함.

출처: 서대문형무소직원교우회, 1939, '교회의 명칭', 『서대문형무소예규류찬』, 186~187쪽.

〈그림 24〉 경성형무소 집합 교회(1930년대)
- 출처: 조선총독부 법무국 행형과, 1938, 『조선의 행형제도』, 치형협회, 69쪽.

〈그림 25〉 서대문형무소 기념일 집합 교회(1930년대)
- 출처: 조선총독부 법무국 행형과, 1938, 『조선의 행형제도』, 치형협회, 74쪽.

교회를 담당한 교회사는 사상범에게 '황국신민(皇國臣民)의 도(道)'를 설명하고, "황국은 '팔굉일우(八紘一宇)'의 이상(理想)으로 세계 평화를 달성하고자 하니 황국신민으로 개과천선하여 일본을 위하여 활동해야 한다"라는 설교를 틈나는 대로 주입해 전향을 독려하였다.

한편, 사상 전향을 위해 1937년 11월 9일 총독부령 제178호로「조선행형누진처우규칙(朝鮮行刑累進處遇規則)」을 제정했다. 개전(改悛)의 노력 정도에 따라 단계적으로 처우를 완화함으로써 이른바 '개선'을 촉진한다는 명목이었다. 처우는 제4급부터 제1급까지 4단계로 나누고, 급수별로 일정한 책임 점수를 부여하였다. 그 점수를 채우면 한 단계 위로 승급시켰다. 그러면서 급마다 처우를 달리하였다. 명목상 개선이지만 주로 사상범을 회유하고 전향시키는 데 이용되었다. 위 규칙 제2조 6항에 의하면 '비전향 사상범에게는 이 규칙을 적용하지 않는다'라고 규정하였다. 사상범으로 누진처우제의 대우를 받으려면 전향이 전제되어야만 했다.

급수별 승급 점수는 무급에서 4급은 2점, 4급에서 3급은 24점, 3급에서 2급은 36점, 2급에서 1급은 48점이 필요했다. 이 점수는 쉽게 획득할 수 없었다. 매월 득점할 수 있는 표준 점수가 12점이었고, 그 배분율은 품행 3점, 작업 3점, 책임 3점, 근면 3점이었다. 각 분야에서 최고점을 2년 연속으로 받아 24점이 되어야 3급의 자격이 되고, 3년 연속 받아 36점이 되어야 2급의 자격이 되었다. 그러나 연평균 최고 12점 만점을 받는 것은 거의 불가능했다. 기준 점수는 해당 간수가 부여하였으나 재범자나 장기수, 사상범에게는 점수를 후하게 주지 않았기 때문이다. 2급까지 가는 데 약 7년 정도가 소요되는 실정이었다. 1급은 10년 형 이상의 장기수만이 가능하였다.

점수를 획득하기 어려운 만큼 급수별 혜택은 차이가 컸다. 3급은 1주일에 두 번의 목욕 기회가 주어졌다. 무엇보다도 공책과 연필이 지급되었다. 2급은 붉은색 대신 청색 수인복을 입을 수 있었다. 또 차입된 내의를 입을 수 있었으며, 상장(賞狀)과 상여금을 받을 수 있는 조건이 되었다. 노역에 따른 임금도 2급부터 받을 수 있었다. 가장 중요한 가석방 자격이 2급부터 부여되었다. 감옥에서 하루라도 빨리 나가려면 일제의 전향 요구에 순응할 수밖에 없는 조건이었다. 옥사에서 공장으로 이동할 때 가장 치욕스러운 몸 검사, 즉 검신도 받지 않을 수 있었다. 최고 '모범수'인 1급에는 다음과 같은 '특별한' 혜택이 주어졌다.

① 특별한 장소에 수용할 수 있다. 특별한 장소 내에 있어서는 그 거방(居房)을 검사하지 않을 수 있다.
② 특별한 사정이 없는 한 검신 및 거방 검사를 하지 않는다.
③ 휴게 시간 중 형무소 내의 지정한 장소에서 자유롭게 거닐 수 있다.
④ 취업 시 계호자를 붙이지 아니할 수 있다.
⑤ 도서실에서 문서와 도서의 열람·독서를 허가한다.
⑥ 수시로 접견 또는 편지를 발송할 수 있다.
⑦ 접견 시 입회자를 붙이지 아니할 수 있다.

1급은 방 검사는 물론 몸 검사도 받지 않고, 자유로운 산책과 독서를 할 수 있었다. 일할 때도 담당 간수가 감시하지 않고, 면회와 편지 왕래가 자유로웠으며 면회 시 입회하는 간수도 없었다.

누진처우에 의한 진급은 담당 간수의 의견이 반영되었다. 간수는 점수를 획득한 상황을 계호과에 보고하고, 이는 다시 부장 회의에 제출되어 심사 후 결정된다. 간수와 수감자 사이의 지배와 피지배의 관계가 더욱 굳어질 수밖에 없는 제도였다.

감옥 생활에서 누진처우제는 사상범에게도 외면하기 어려운 전향의 유혹이었다. 일제는 특히 감옥에서 견디기 힘든 배고픔, 더위와 추위의 고통을 이용하여 밥도 더 주고 생활의 편리를 부여한다며 전향을 유도했다. 그들의 지배에 따르고 충성할 것을 약속한 자에게는 제한된 '특권'을 주면서 식민지의 도구로 활용하려는 의도였다. 그렇지 않은 사상범에게는 집요한 회유와 엄격한 규정을 적용하면서 통제와 억압으로 일관하였던 것이 식민지 감옥의 현실이었다.

참고문헌

〈자료〉

- 『매일신보』
- 『동아일보』
- 김광섭, 1976, 『나의 옥중기』, 창작과 비평사.
- 김정련, 「형무소의 도산 선생-2081호의 오물 바가지」, 『새벽』(1957년 4월호).
- 나카하시(中橋政吉), 1936, 『조선구시의 형정(朝鮮舊時の刑政)』, 조선총독부법무국.
- 서대문형무소직원교우회, 1939, 『서대문형무소예규류찬(西大門刑務所例規類纂)』 (서대문형무소역사관 소장본).
- 수형기록카드(국사편찬위원회 소장)
- 이규창, 1992, 『운명의 여신(餘燼)』, 보연각.
- 이봉수, 「옥중생활」, 『동아일보』 1930. 10. 1~10).
- 조선총독부, 1909~1942, 『조선총독부통계연보(朝鮮總督府統計年報)』.
- 조선총독부 검사국, 1939, 『사상휘보(思想彙報)』 20.
- 조선총독부 법무국 행형과, 1938, 『조선의 행형제도(朝鮮の行刑制度)』, 치형협회.
- 치형협회, 1924, 『조선형무소사진첩(朝鮮刑務所寫眞帖)』.
- 형무협회, 1930년대 초, 『대만·조선형무소 연혁사』.

〈단행본〉

- 남기정 역, 1978, 『일제의 한국 사법부 침략 실화』, 육법사.
- 박경목, 2019, 『식민지 근대 감옥, 서대문형무소』, 일빛.

〈논문〉

- 박경목, 2022, 「1930년대 경성구치감 설치와 사상범」, 『한국사연구』 199, 한국사연구회.
- 박경목, 2021, 「일제강점기 대전형무소 설치와 확대」, 『한국독립운동사연구』 73, 독

립기념관 한국독립운동사연구소.
- 이승윤, 2021, 「1908~1945년 서대문형무소 사형 집행의 실제와 성격」, 『서울과역사』 108.
- 이종민, 2022, 「아시아·태평양전쟁기 부산형무소의 수형자 동원」, 『한일민족문제연구』 42.
- 이종민, 1999, 「식민지하 근대 감옥을 통한 통제 메커니즘 연구-일본의 형사처벌 체계와의 비교」, 연세대학교 박사학위 논문.
- 양성숙, 2006, 「일제하 서대문형무소 연구-의병 투쟁과 105인 사건을 중심으로」, 성신여대 사학과 박사학위 논문.
- 장신, 2020, 「1930·40년대 조선총독부의 사상전향정책 연구」, 성균대학교 박사학위 논문.
- 장신, 2014, 「일제하 형무소의 사상범 대책과 전향자 처우-김광섭의 '옥창일기'를 중심으로-」, 『민족문화연구』 64.

<웹사이트>
- 국가기록원 독립운동가판결문(http://theme.archives.go.kr/next/indy/viewMain.do)
- 국가보훈처 공훈전자사료관(https://e-gonghun.mpva.go.kr/user/index.do)
- 국사편찬위원회 한국사데이터베이스(http://db.history.go.kr)

찾아보기

3·1운동 24, 28~30, 32, 35, 58
6·10만세운동 25

ㄱ

가나자와감옥(金澤監獄) 15
가미오 도라노스케(神尾虎之助) 14
가키하라(柿原塚郎) 28
간도공산당사건 25, 62, 65
간수장 12, 14, 21
감옥서 10~13, 19
감옥의(監獄醫) 14
강우규 62, 63
개성소년형무소 55, 56
검방(檢房) 79
검신(檢身) 86, 100
겹상의(袷常衣) 71
경성감옥 13, 14, 19~21, 26, 31, 34
경성감옥서(京城監獄署) 13, 18, 19
경성구치감 37~40, 54
경성형무소 26, 54, 56, 77, 87, 88, 90, 98
고수복 83, 84
고쿠부 산가이(國分三亥) 26, 28
고쿠부(國分萬次郎) 14
고하경 62, 63
골절 82

공리주의 81
공주형무소 55, 56, 88
광주형무소 55, 56, 77, 89
교회 95~97, 99
교회사(教誨師) 96, 99
구라토미 유자부로(倉富勇三郎) 15
구치감(拘置監) 27, 33, 37~39, 56, 80
국가총동원법 60, 61
국중일 56
군산지소 55, 89
권태산 63
금산포지소 55, 88
기결수 10, 32, 33, 38, 53, 72, 75, 78, 85
기아부종(飢餓浮腫) 78
기요하라(淸原孝太郎) 14
김광묵 62
김광섭 78, 86, 87
김교창 66
김금남 63, 65
김도원 62
김동철 56
김동필 62
김명제 66
김봉돌 63
김성재 56, 58
김승기 56
김승엽 65

김여중 63
김용진 63
김응수 63
김이섭 65
김진성 65
김창균(이명 김삼후) 63
김천소년형무소 55, 56

• ㄴ •

나광열 65
나베야마 사다치카(鍋山貞親) 92
나카하시(中橋政吉) 19
내선일체 79
노구치 고조(野口廣三) 66
노역 31, 74, 76~79, 85~91, 100
노창호 63
누진처우 91, 99, 101
늑막염 82

• ㄷ •

다나카(田中) 76
다카토(高頭萬治) 14
단상의(單常衣) 71
대구감옥 29
대구형무소 55, 62, 87. 88
대전감옥 30, 31, 34, 80

대전형무소 31, 38, 55, 56, 82, 88
대한제국 10~12
동방요배(東方遙拜) 79
동상 82
동우회사건 84
동작시한표(動作時限表) 85, 86, 91

• ㄹ •

러일전쟁 11

• ㅁ •

마루야마(丸山重俊) 17
마산지소 55, 56, 89
마쓰나가(增永) 38
목포형무소 55, 88, 89
무기징역 63, 65
문갑송 65
문상익 66
미결수 38, 53, 56, 58, 72, 78, 85
미곡통제령 77
미나미 지로(南次郞) 93
미야자키(宮崎速任) 94
민용운 66
민창식 63

• ㅂ •

박금철(朴金哲) 63
박금철(朴金喆, 이명 박시성) 65
박기춘 65
박동필 63
박원길 58
박익섭 62
발진티푸스 82
배화여학교 58
법부 12, 13, 15
병감(病監) 77, 78
병보석 83, 84
보안법 43, 56, 58~61, 76
보존원판 49
보호국 12
복막염 82
본감 14, 17, 21
부산형무소 55, 56, 88, 89
분감 21

• ㅅ •

사노 마나부(佐野學) 92
사상범 36~39, 42, 43, 46~48, 53, 54, 60~62, 67, 74~78, 80, 85, 92~96, 99, 101
사형 10, 20, 35, 45, 46, 61~63, 97
서대문감옥 19, 26~29, 31, 32, 34, 75

서대문형무소 20, 32~34, 37, 38, 40, 54, 56, 58, 62, 70, 74~77, 82, 86~88, 94, 98
서인홍 65
서홍지소 55, 88
성낙응 56
소록도지소 56, 89
소은명 56~58
손홍복 56
송학선 62
수인복 50, 70~72, 100
수형기록카드 48, 49, 51~53, 56, 59~61, 63, 66
시우텐 가즈마(四王天數馬) 19
신경통 82
신의주형무소 55, 88

• ㅇ •

안국형 65
안동지소 55, 88
안창호 45, 83, 84
양식급여표 76, 77
엄순봉 62
여운형 45, 82, 84
영흥농민조합운동 65
오광득 66
오동규 65
오동진 64, 65

왕광연 66
왕종순 56, 58
요코야마(橫山藤三郞) 75
우종구 65
원산지소 55, 88
유배형 10
유태순 62
유택수 62
윤영배 65
윤준희 62
윤철환 65
을사늑약 11
의병 5, 13, 17, 19, 20
이강년 20, 62
이광형 65
이규창 76~78,
이노우에(井上信之助) 14
이동선 62
이문홍 65
이서현 65
이수흥 62
이승만 11
이승훈 73, 74, 79
이용담 65
이용로 76
이용술(이명 이경봉) 65
이윤식 66
이은찬 62
이인영 20, 62
이재필 94

이제우 62
이종립 63
이종호 56
이치가야형무소(市ケ谷刑務所) 92
이토 히로부미(伊藤博文) 15
인상 및 특징표 70, 71
인천소년형무소 55, 56, 88
임갑득 56, 58
임국정 62
임순득 56, 58

• ㅈ •

자유형 10, 11
장관청 65
장티푸스 82
장하청 65
전도선 66
전옥(典獄) 14, 15, 21
전옥서 10
전주형무소 55, 89
전향 78, 92~96, 99~101
정미조약 11
정신 공황 82
정윤필 76
정의부 65
정이형(이명 정원흠) 65
정좌 79
정평농민조합 94

제러미 벤담 81
조동율 63
조선군주차사령부 17
조선사상범보호관찰령 94
조선총독부 15, 27, 28
좁쌀밥 77, 80
종신형 11, 20
주현갑 46, 62, 63
중앙간수소 32~34, 80, 81
중일전쟁 77
지연호 63
진남포지소 55, 88
진노(神野忠武) 15
진주지소 55, 89
징역 10, 24, 26, 43~45, 56, 58, 66, 87

• ㅊ •

차경현 66
차병철 65
채기중 62
채수철 65
청년 59
청장년 59
청주지소 55, 88
청진감옥 29
청진형무소 55, 88
촉탁보호사 95
최정식 11

최춘보 66
춘천지소 88
출판법 56, 61, 76
치안유지법 25, 35, 42~47, 54, 56, 60, 61, 65, 76, 95
치질 82, 84

• ㅋ •

콩밥

• ㅌ •

태평양전쟁 77, 91
통감부 12, 13, 15
통의부 65

• ㅍ •

파놉티콘(panopticon) 80
평양형무소 55, 62, 87, 88
피부병 82

• ㅎ •

한상호 62

한일의정서 11
함흥감옥 14, 21, 27
함흥형무소 88, 90
해주감옥 14, 27
해주형무소 55, 88,
허위 20, 62
허윤진 65
홍관후 66
홍명선 66
홍준옥 66
황칠성 66
흥남적색노조사건 65

일제침탈사 바로알기 32
식민지, 감옥에 갇히다

초판 1쇄 발행 2024년 10월 15일

지은이	박경목
펴낸이	박지향
펴낸곳	동북아역사재단

등록	제312-2004-050호(2004년 10월 18일)
주소	서울시 서대문구 통일로 81 NH농협생명빌딩
전화	02-2012-6065
홈페이지	www.nahf.or.kr
제작·인쇄	니케북스

ISBN	979-11-7161-133-1 04910
	978-89-6187-482-3 (세트)

- 이 책은 저작권법으로 보호를 받는 저작물이므로 어떤 형태나 어떤 방법으로도 무단전재와 무단복제를 금합니다.
- 책값은 뒤표지에 있습니다. 잘못된 책은 바꾸어 드립니다.